# Ermita de la Virgen del Moral

# y

# su pastor *tíu* Pedro Buenaga

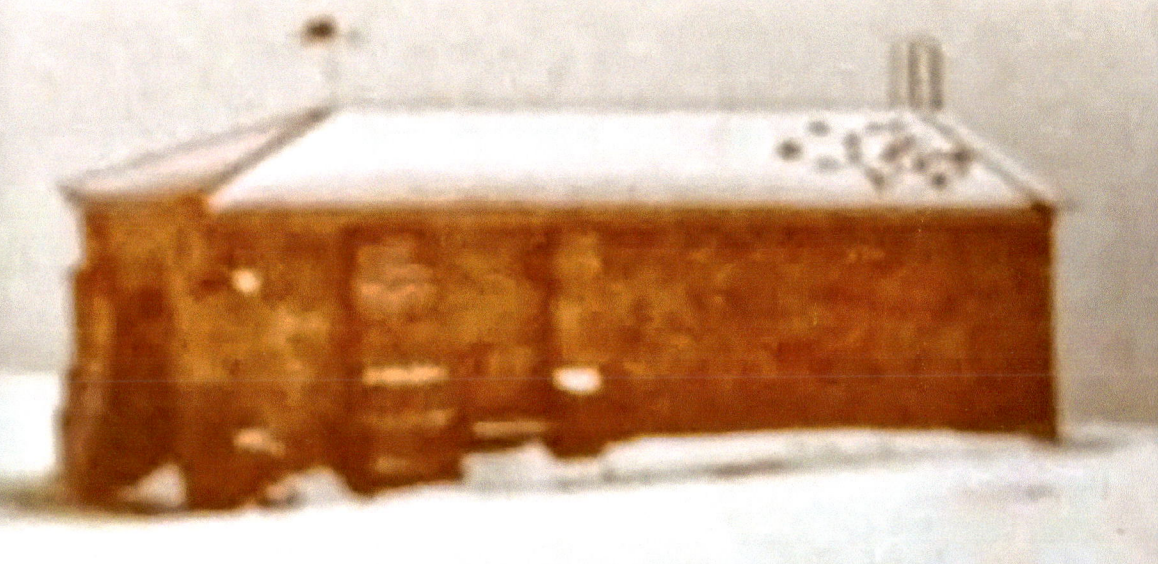

Fernando Moreno Rodríguez

Titulo: Ermita de la Virgen del Moral y su pastor *tíu* Pedro
© Fernando Moreno Rodríguez
© Ediciones Tantín

ISBN: 978-84-128488-1-6
Depósito Legal: SA- 80-2024
Ediciones Tantín
c/ Camino Alonso Vega, 10, 39007 Santander
Telf: 942.231382
E-mail:edicionestantin@edicionestantin.com

El autor agradece la colaboración a Pedro Buenaga Corrales por la cesión de sus vivencias personales y archivo familiar, a su hijo Pedro Buenaga González, Irene Fernández y Pedro Buenaga Fernández, por su dedicación y entrega entusiasta para hacer posible esta publicación. Igualmente, la cesión de imágenes de Rosi Vélez, su hija Pilar Pelayo, de José Manuel Cuesta «El cartero de Correpoco» y de Ramón Villegas López, de «Ediciones Librucos». Un componente unido para rendir homenaje a la Ermita de la Virgen del Moral, y a su pastor, *tíu* Pedro Buenaga Moral.

# Índice

# Prólogo

Hay un tajo donde se sienta a ordeñar la cultura tradicional de Iguña apoyado por sus tres fuertes patas: La Vijanera, La Maya y la Fiesta Ganadera de la Virgen del Moral. Pero vamos a hablar un poco de la tercera, del Moral y sus símbolos y costumbres, pues los aprovechamientos de pastos ya aparecen en los viejos fueros y privilegios concedidos en la Edad Media; por tanto, es en el siglo XV cuando se documentaban las ordenanzas del pastoreo de montaña.

A través de los tiempos se fueron modificando leyes para hacer más efectivas con los pastos y ganados, teniendo las Ordenanzas de cada pueblo sus medidas, contratos, derechos, prohibiciones, etc. Estas Ordenanzas han regido hasta nuestros tiempos en zonas de alta montaña o puertos, donde el Pastor Mayor cuidaba por el verano el ganado del pueblo o vecinos, como así también, otros lejanos denominados *gajucas,* en los excelentes pastos de brañas y seles de nuestros montes. En las Ordenanzas de Arenas de Iguña de 1.873 ya aparecen las condiciones que debe acatar todo aquel que se presente para pastor de puertos, y otras más antiguas del pueblo de Pujayo de 1.785, dicen al respecto:

*Otrosi ordenamos y mandamos que los pastores de todo jenero de ganado, tengan precisa obligación de estar continuamente con los Beceros, con los ganados sin que unos ni otros los desamparen, por este medio libertarlos de que todos ganados se despeñen o que los lobos y osos los coman. Y faltando cualquiera de ellos á la asistencia de la Guarda y vecerio, cualquiera que sea ha de pagar la tal Res por su justo Precio según tasación de dos Becinos Prácticos, y los mismos los Bueyes de labranza y demás que asistan a la Bueyada como son Nobillos y Becerros.*

Así de dureza tenían los trabajos del pastor, así me lo contó en su día Pedro Buenaga Pernía, «Pedrín el Campanero» que tuvo a su padre como maestro, a Pedro Buenaga Moral, «Pedro el Pastor», en la Braña del Moral (1.050 m de altitud), pasando gran parte de su vida en convivencia con las tudancas y animales asilvestrados de la zona.

Decir Braña del Moral, es decir seguidamente el apellido Buenaga, pues esta braña, de pasto excelente, ha sido la despensa veraniega de miles de ganados durante tanto tiempo, que se olvida en la memoria. De las más antiguas cabañas ya nadie se acuerda, pero sí de la de Pedro Buenaga que hizo cercana a la Ermita de la Virgen del Moral, con su tradicional techo de céspedes y corral de ordeño. Cada verano los romeros que suben a la fiesta recuerdan, los más mayores, las aventuras de ganado, las inclemencias del tiempo, los animales asilvestrados y alimañas, los extravíos de ganados... De cuando la cabaña de tudancas hacía la procesión con los campanos más sonoros en las más bravas delante de las andas de la Virgen y los romeros circundando toda la Braña, de los mozos por la noche cuando el vino subía de grados y los de Valdiguña se enfrentaban con los de Cieza a palancazo limpio (a los de Iguña y Cieza llaman los palanquinos), la vieja historia del toro de Quintana que con sus cuernos encontró a la Virgen con el niño dentro de un moral, de cuando bajaron a la Virgen por tres veces y ésta no quiso vivir en el valle si no en lo alto de la Braña y por el pindio peñascal de Cuchíu dejó impresas la pisada, *la pisá de la Virgen*, a media altura marcó la huella de sus rodillas, *arrodillá de la Virgen* y, por último cansada, mirando al valle del Ruyaris, se sentó, *la sentá de la Virgen*. Historias, recuerdos, leyes, promesas, leyendas y decires que la familia Buenaga atesora en su memoria. Y mientras se escuche un campano, de esos de feria, de Concejo, de Vijanera, de puerto..., en la Braña del Moral, siempre estará el apellido Buenaga, presente.

Avelino Molina González

Con el cariño de siempre a mis hijos:

Lidia Victoria
José Alberto
Gabriel
Patricia
Victoria

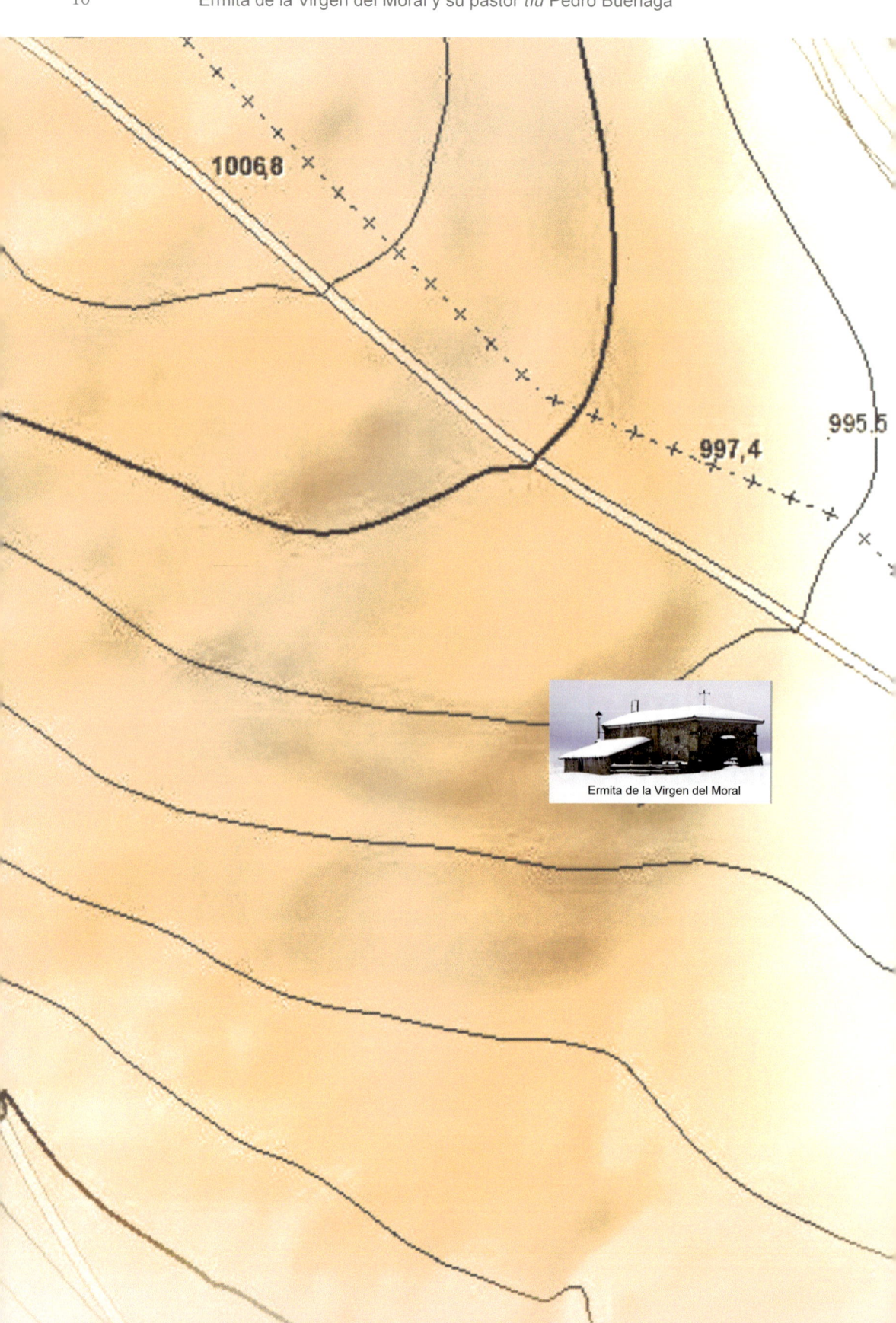

Ermita de la Virgen del Moral

# 1.

# Ermita
# de la
# Virgen del Moral

Pese al hecho de estar situada la Ermita de la Virgen del Moral en terreno perteneciente al municipio de Los Tojos, la administración eclesiástica y su feligresía dependen de la parroquia de Santa María, en Cohiño, del municipio de Arenas de Iguña. Pese a cualquier disposición administrativa los vecinos de los tres municipios cabuérnigos, junto a iguñeses y habitantes de los valles Saja-Besaya conviven con igual fervor religioso respecto a la Ermita del Moral y la imagen de su venerada Virgen.

En lo referente al territorio, a veces los parajes no son capaces de ofrecer una imagen de siglos pasados; como sucede en las antiguas zonas selváticas de Cantabria, donde la falta de protección y el fomento de formas de aprovechamiento silvopastoriles, conllevaron su parcial transformación en espacios de prados denominados «de diente», sacrificando las grandes manchas arbóreas de hayas, robles, castaños, abedules y diferentes especies arbóreas que poblaron estos bosques. El paisaje se ha visto modificado a lo largo de toda su existencia debido a los procesos de actuación de los seres humanos cuyo papel, como actor social en esta misma línea, es capaz de alterar procesos naturales por deforestación, agricultura, o de crear enclaves con habitaciones para ocupar, temporal o estacionalmente, contribuyendo así a la formación de un paisaje antrópico a su conveniencia. Es de señalar, no obstante, que también esta evolución está ligada, entre otras cosas, a las peculiaridades atmosféricas ambientales. La transición de estos componentes actuaron sobre una organización del espacio más extensa de la actual, cuando antiguas ordenanzas mostraban especial atención a la conservación del arbolado prohibiendo su corta por el pie y la poda reiterada. A tal efecto, las ordenanzas de Ucieda y Ruente del siglo XVII (capítulos 17,18, 39 y 40), dictaban normas obligando al común, plantar dos árboles por vecino; normas que por lo general encomendaban a los concejos la concesión de licencias para cortar, al tiempo que recordaba *lo conveniente que era, como inversión de futuro, que los vecinos plantasen árboles*. Las alteraciones llevadas a cabo en los terrazgos, otra de las piezas fundamentales del paisaje, son un claro reflejo de la evolución del sector agrario en la región; los cultivos han pasado a tener un papel muy secundario. Procede aceptar, por tanto, cómo el paisaje actual es el resultado de la historia de un bosque que aun siendo a veces difícil de reconocer su estado primario, su historia y sus pastores, permanecen inscritos bajo el arbolado.

En ausencia de documentación medieval y, de dataciones absolutas, no resulta en modo alguno extraño, en la lógica organizativa de los espacios ganaderos de la época, siguieran el trayecto de la empedrada calzada romana por Pesquera, Bárcena de Somaconcha, Mediaconcha y Pujayo, para alcanzar la cima herbosa del Pico Obios y llegar a los pastizales de la Braña del Moral. Otras versiones señalan la penetración desde tierras castellanas, la existencia de una cañada que transcurriese hacia la Ermita del Moral, funcionando con anterioridad a partir de las últimas decenas del siglo XV cuando se iniciaron las obras que, desde Reinosa, conducían a Pagüenzo, Portillo de Obios, El Moral y Tordías; es decir la divisoria de aguas entre los valles del Saja y del Besaya.

En lo referente a las extensas praderías de la Braña del Moral, al pie del Cueto Esquinas, conforman pastizales de elevada pluviometría favorecedores de zonas ricas en vegetación, los cuales alimentan un humedal difuso que, a su vez, es el nacedero del Arroyo Huzmeana.

Con respecto a los accesos se proponen diversas variantes: desde el Valle de Iguña partiendo hacia los Llares hasta la Braña de Brenes (759 m) a Cotera Alta, Refugio del Torniilo, La Venta Tordías y Braña del Moral. Otro más antiguo, y más corto, sería el que sube por Las Bárcenas, Cuchillo y El Bustaro, en dirección a Jaces, Poniente, La Manzana, Cacedío y El Salce, a coger el camino que viene de Obios hasta llegar a la Braña del Moral.

**Las primeras aguas del arroyo Huzmeana afloran en las estribaciones de la Ermita del Moral.**

**Las manadas de ganado recorren estos «pastos de diente» próximos a la Braña del Moral.**

El «roble tumbado», con sus ramas brotando de la vieja tronca de diez metros derribada por el viento, ofrece personalidad a estos montes próximos a la Braña del Moral. Está calificado como Árbol Singular de Cantabria,

En la página 339 del *Catálogo Monumental de Cantabria,* relativo al paisaje de los valles del Saja y del Besaya, se hace una breve descripción de la Ermita del Moral, ya documentada en el siglo XVI:

«A unos 15 kms al suroeste del pueblo de Los llares, monte arriba, en una espléndida campa se ubica esta ermita de carácter popular, construida en el siglo XVI. Presenta una planta rectangular, con paramentos de mampostería y sillares en los esquinales y cercos de los vanos. El ábside es cuadrangular, pero no se señala en planta ni alzado. La nave consta de dos tramos, que se cubren a dos aguas siguiendo el tejado de la cabecera. La puerta de ingreso se encuentra cobijada por un soportal. Es de piedra de sillería y muestra un arco de medio punto, característico del siglo XVI. En el interior destaca la bóveda de crucería del presbiterio y la imagen de la Virgen con Niño, del siglo XVI. Esta ermita constituye el hito de separación de los valles de Iguña, Cabuérniga y Bárcena Mayor, por lo que congrega a gran cantidad de romeros y es de particular devoción para los cazadores.»

Referente a la puerta de ingreso, algunos escritos depositados en el Ayuntamiento de Arenas de Iguña, con relación a la Cofradía del Moral fundada en el s. XV, refieren una puerta de ingreso con arco de medio punto *más ornamental que la actual.* Haciendo referencia a los documentos de Javier Polanco disponibles en el Consistorio del Municipio, se indica, como supuesto, que el portal de ingreso a la Ermita tampoco data del siglo XVI, ya *que antes de la actual construcción hubiese otra más pobre,* siendo muy posible sea de la misma obra que levantó la nave de la Ermita, construyéndose un solo tejado a dos aguas para toda la Ermita. La carencia de documentación gráfica sobre la puerta original de acceso a la Ermita del Moral, posiblemente fuera causa del equívoco informativo en un reportaje del diario *Alerta* del 19 de agosto de 1984, donde figuraba la fotografía de una puerta de ingreso atribuida a la Ermita del Moral. El mismo periódico *Alerta,* subsanó el error en otro articulo del 22 del mismo mes, bajo el título «Una sufre» dentro de los reportajes, con la firma de «Teresuca»:

Sufre una, y mucho, viendo la pena profesional que desde el domingo embarga a nuestro compañero Cicero por la foto equivocada que apareció en nuestra última página. Se trataba de la romería de El Moral y sale una foto de Rábago. «¿Qué te parece Teresuca? Van a decir los de Rábago, los de Iguña y los de Cabuérniga que hacemos las cosas a martillazos. Y tú sabes muy bien el cariño y el esmero con que hemos hecho esos reportajes». Lo sé. Isidro, lo sé. Yo estuve con él en El Moral, yo vi sus veinte fotografías y textos y me da pena que al final haya habido ese lío. pero, le digo a este estimado compañero que los cabuérnigos, los iguñeses y los de Rábago saben que a veces los trabajos los haces concienzudamente y al final las cosas se complican y no salen como uno quisiera. En fin, que así es la vida y que lo sentimos mucho.

**Actual puerta de acceso, con mantenimiento de las originales jambas basales** (foto *P. Buenaga*)

Es destacable comentar sobre la longitud del actual edificio de la ermita, al no corresponder al original del siglo XVI, sino que fue acortado en los inicios del siglo XX buscando de ofrecer mayor robustez al conjunto frente a la agresiva climatología del entorno. Al pie se muestran fotos del antiguo edificio y el actual, apreciándose longitud y planta de alzado, con el ábside como punto de referencia.

**Antigua planta rectangular, con la nave de dos tramos cubierta a dos aguas, siguiendo el tejado de la cabecera (*foto cedida por Ediciones Libruco*).**

**Foto del estado actual con menor longitud respecto al edifico original, el tejado elevado y rematado en cola de milano. Las ventanas del ábside identifican la elevación de la techumbre (foto *P. Buenaga*)**

**Imagen del retablo a principios siglo XX. Existió la costumbre de quemar un tronco de árbol en el interior de la ermita como simbolismo a la aparición mariana pero el humo estropeaba el retablo de madera, y la costumbre quedó en desuso. (*Imagen cedida por ediciones Libruco*).**

Según los escritos de Javier Polanco, el capítulo 1º de las Ordenanzas de la Cofradía del Moral da lugar a cábalas al proponer, la posible situación de la Ermita de la Virgen del Moral:

«Primeramente, habiendo atención a que la imagen de Nuestra Señora está dos leguas donde son vecinos los hermanos y cofrades y en parte despoblado y en puerto ordenaron, que en cada un año víspera de Nuestra Señora de agosto, que es el día de la *Asumption*, todos los hermanos y cofrades vayan a la *yglesia* de Nuestra Señora María de Riobaldiguña a las vísperas, e todos juntamente de allí vayan a Nuestra Señora del Moral con el clérigo capellán que para ello fuese señalado, a la *hermita* de Nuestra Señora Santa María del Moral. Otro sí ordenaron que por ser áspero el camino y tan lejos, los *maiordomos* que son o fueren de aquí adelante, que por cuanto ay el trecho que está dicho e largo, e desigual el camino [...] La ermita se halla situada en la braña o campa del Moral, en el monte del mismo nombre, término perteneciente al actual municipio de Los Tojos y a 988 metros de altura sobre el nivel del mar. Se encuentra a 43 º 10' 2,30" de latitud Norte y a 4º 10' 18,80" de longitud Oeste.

**A la izquierda, Imagen de San Huberto (patrón de los cazadores). A la derecha imagen de la Virgen del Moral, actualmente (foto *P. Buenaga*).**

La imagen de la Virgen del Moral con el Niño en brazos (foto *P. Buenaga*).

En el libro *Santuarios Marianos de Cantabria* (1988) de Doña Carmen González Echegaray, se citan varias semblanzas de esta ermita y de la imagen de la Virgen del Moral, que allí se venera:

> «Se encuentra la ermita del Moral a más de 1.000 metros de altura en el límite de Iguña con Ucieda, Cabuérniga, en el término de los Llares del concejo de Riovaldeiguña, en un impresionante panorama, con el barranco de Tordías al este, entre brañas y monte, rodeada en la distancia por eminencias como los Picos de Europa, Peña Sagra, Peña Labra, etc. que asoman sus crestas entre nubes.
>
> La imagen es una talla al parecer del siglo XVII en la que María, en pie, presenta al Niño bendiciendo con la mano derecha y sosteniendo la bola del mundo rematada en una cruz en la izquierda, muestra la Virgen al Niño digamos que atravesado en el halda. Con la mano derecha sujeta bajo el brazo y con la izquierda toma su pie izquierdo, en un gracioso escorzo.»

Sobre la historia de la Ermita del Moral, doña Carmen González Echegaray hace referencia al libro de Cofradía y Hermandad de Nuestra Señora de Santa María, de 1623 trascribiendo algunos datos, desde el año 1501:

> «Este es libro sacado de otro muy viejo y antiguo de la Cofradía y Hermandad de Nuestra Señora de Santa María, la cual ha mucho tiempo que se ordenó por los muy magníficos señores Juan de Bustamante, Señor de la Casa de Collantes, e Diego de Terán, maior de la Casa de Haca, e González Sainz de Collantes, e Rodrigo Sainz de Palacio, etc, y ordenaron que en honor y reverencia de aquella Santísima Madre de Dios, para que ansi ellos como sus sucesores y hermanos de esta hermandad y cofradía la tengan por abogada e intercesora, y ruego de ella nos quiera alcanzar salvación para nuestras ánimas y salud a los cuerpos, e por residir en esta montaña donde ay de ordinario terremoto, piedras , granizo y otras tempestades que nos quitan por nuestros grandes pecados frutos y mantenimiento de los acuerdos, así todos, de acuerdo, tomando por Patrona e intercesora y abogada a la Madre de Dios, estuviendo su imagen y semejanza en la hermita, templo e casa de aquel puerto del Moral, donde está su imagen mui devota, que de ordinario permite a Nuestra Señora hacer milagros, como es notorio. En el lugar de Palacio de Valdeiguña, quince días de agosto de 1501.»

Prosigue el trabajo de cómo eran preciso continuos trabajos de mantenimiento de la Ermita, debido a su expuesto emplazamiento a todos los vientos, haciendo necesario la reparación del tejado todos los años. Por igual se cita cómo en 1852 se pagan 99 reales anticipados

> «[...] para el retoque de las dos imágenes de la Asunción, *que en casa del Señor Vicario de Helguera, hizo un pintor de Trasmiera.* Inmediatamente dice que se subieron a la ermita, No debieron de quedar muy satisfechos del trabajo cuando algo más adelante, en 1856, se admite en data a los Mayordomos, 180 reales entregados a los pintores italianos por retocar las dos imágenes de la Asunción, el Retablo y frontal del altar, pintura, enverjado de la puerta y blanqueo de la capilla por dentro.»

Con respecto a la devoción por esta Ermita, Doña Carmen González Echegaray reseñó un editorial publicado en la prensa por Enrique González Camino y transcrito por el marianista, Jerónimo de la Hoz Teja:

> «Los cazadores celebran la fiesta del Moral, no solo el 15 de agosto , festividad, digamos oficial de esta Virgen, sino el día 3 de noviembre (San Huberto), y por lo menos en la época que se escribieron estas notas, subían los cazadores de caza mayor de Los Corrales de Buelna, Iguña, San Vicente de Toranzo, Bárcena Mayor, Bárcena de Pie de Concha, Reinosa, Ucieda, Santander, etc. Se celebraba la misa y se hacía ofrenda a San Huberto, patrón de los cazadores.»

Con respecto a la festividad de San Huberto la misma autora comenta el reportaje publicado por Antonio de Montesinos en el diario *Alerta*, dejando constancia de algunos detalles con respecto a la fiesta del Moral por parte de los cazadores; relatos recogidos por su especial interés sobre las celebraciones indicadoras de la fe y devoción de los habitantes de las comarcas, con estas exaltaciones de homenaje a la Virgen del Moral y su Ermita.

> «La fiesta es preparada por los valdeiguñeses. El viernes y sábado siguientes al 15 de agosto se celebra la festividad. La mayordoma prepara la imagen y la ermita, vistiendo a la primera y colocando velas, y el sábado suben los romeros a la Braña del Moral, los de Viaña lo hacen por la linde, La Bajo, Mazarredonda, Brañamayor y el Moral; los de Ucieda por Serradores, y los «chamarugos» (habitantes de Bárcena Mayor) por la Vega, Domesme, Alisas y el Moral. La noche es una atmósfera de jarana, convivencialidad, de charlas y cantos tradicionales, de comidas y danzas al calor de las fogatas.
> Al día siguiente, una diana de piteros marca el inicio del día de fiesta mayor. A media mañana se celebra una misa solemne con asistencia de los romeros que concluye con una procesión alrededor de la ermita y suelta de ganado por la campa. La procesión parte con la virgen a hombros de los mozos, la siguen el sacerdote, el mayordomo que porta un pendón morado y viste traje de festero, y los devotos entonando cantos religiosos, algunos acompañan al cortejo descalzos o de rodillas en cumplimiento de promesas. Este día la ermita queda repleta de velas votivas y los picayos de Ucieda despiden la imagen con bailes (los mozos), y cantos (las mozas). Acto seguido tiene lugar una comida campestre en la que distintos grupos se distribuyen por la braña y se intercambian los alimentos. Una comida típica de ese día es el bacalao con patatas y pimientos verdes.
> Por la tarde, finalizada la comida, comienza la romería, en la que participan las gentes de los distintos valles de Ucieda, desde hace tres años continúa la fiesta en su pueblo, donde tiene una iglesia también denominada del Moral.»

Prosigue la misma autora del trabajo sobre *Santuarios Marianos* reproduciendo artículos de prensa, como el publicado por el diario *Alerta,* el 19 de agosto de 1984, y escrito por Isidro Cicero, donde valoraba los detalles de esas romerías, como un relato vivo, permanente en la posteridad:

«La misa fue seguida atentamente por centenares de romeros, entre los que estaban el alimañero *Pepe, el de Fresneda* y Pedro Buenaga, un artesano de Iguña, veinte años dedicado a fabricar campanos; Pedro Buenaga es hijo del famoso *Pedro, el Pastor*, encargado de llevar las vacas delante de la Virgen en la procesión. Si bien las vacas se acercaron a la ermita a primeras horas del día, el calor reinante a la hora de la misa, *hora de moscar,* y la campa llena materialmente de automóviles desaconsejaron este año de 1984, a los organizadores llevar a cabo la ceremonia, de la que tradicionalmente se responsabilizaba *Pedro, el pastor.*

Ese año, a pesar de que no hubo picayos, la procesión estuvo muy vistosa. Los mozos pugnaban por llevar las andas, mientras las mujeres se disputaban las cintas que cuelgan de la cabeza de la imagen. Una minúscula campana –semejante al zumbo de una yegua–, repicó incesante durante la procesión, en tanto que las bombas y los cohetes ahuyentaban los rebaños de yeguas que aun pastaban por los alrededores. Los piteros de Cohicillos hicieron sonar sus tradicionales instrumentos y la gente, generalmente de cierta edad, arremetía con la jota montañesa. La comisión de la fiesta, formada por José Enrique, Ismael y Felipe había previsto todos los detalles adecuadamente. Salvador Buenaga, mayordomo de la Virgen desde que murió su padre, *el pastor,* estaba muy satisfecho de la afluencia de igüeses y cabuérnigos: *'Cuando no se podía subir en coche éramos cuatrocientos. Hoy nos habremos juntando al pie de cinco mil'.* Su hermano Pedro, el campanero de Las Coteras (San Martín de Quevedo), comentó: *'Yo nací aquí porque soy hijo del pastor. Llevo esto en el alma desde niño. La tarde más triste para nosotros era tal como esta tarde, cuando se iba la gente y nos quedábamos solos'.»*

En lo referente a leyendas y tradiciones sobre la imagen de la Virgen del Moral, una de las más arraigadas, en el acerbo popular, es la de haber sido desenterrada por un toro de Quintana de Toranzo al escarbar la tierra en la Braña del Moral. Según otra trasmisión oral, cada romero de Quintana, el día de la fiesta, subía una teja para reponer el tejado de la Ermita. Doña Carmen González Echegaray, alude otra tradición, por igual conocida:

«La Señora tomó vida y quiso llegar a Iguña caminando por la senda del Cuchío, entre pindias breñas, para bajar al valle por el camino más áspero; tuvo que pasar el valle, y a lo largo del camino, hubo de detenerse por tres veces. La primera se irguió sobre sus pies para contemplar el valle, dejando las huellas de estos hincadas en la piedra; la segunda se arrodilló a implorar ayuda para los vecinos del valle, sus ganados y cosechas y para los animales salvajes que poblaban los montes aquellos, y quedaron esta vez impresas en la piedra sus sagradas rodillas. La tercera vez tomó asiento en una lastra, para descansar el camino, y aselarse, sus posaderas y el vuelo del ruedo del manto, quedaron grabados en la roca viva. Cuando llegó al Moral, allí quedo, entre valles señalando lindes, acaso para que los pueblos se hermanasen por los menos en el día de su fiesta.»

En otro artículo de prensa y bajo el título «Rituales festivos de integración en Cantabria», el articulista Antonio Montesino, dejó reflejado los distintos elementos confraternizando en la fiesta de la Virgen del Moral:

Una imagen común (la Virgen del Moral), que aglutina una identidad religiosa y moral compartida, y que posee un territorio especifico de gracia.
Una sólida y antigua tradición de culto en su honor, de la que participan ambas comarcas.
Una leyenda que atribuye a un toro (ganado-fertilidad), su hallazgo y que subraya un protectorado hacia las gentes y ganados de ambas comarcas.
Una personificación de la Virgen a través de sus huellas.
Procesiones en petición de lluvias, a la Virgen.
Una ermita como atalaya situada en la línea divisoria de ambas comunidades.
Una suelta de animales con campanos en la Braña del Moral.
Una procesión y cantos religiosos tradicionales, acompañados de bailes y devotos cumpliendo las promesas ofrecidas, en acción de gracias.
Una comida en la que confraternizan las dos comarcas sobre un territorio común.
Una romería que cohesiona los lazos de solidaridad entre ambas comarcas.
Una base material de carácter económico que refleja los intereses comunes de ambas comarcas y sus relaciones: *los alcances*; se trata de formas parajudicionales de origen popular que institucionalizan las relaciones espaciales de ambos valles en lo que se refiere a pastos. 'El ganado de Valdeiguña puede pastar, si se echa a mano, hasta el Pernal Cuchillo y el Pernal del Toro, pero no quedarse a dormir; el de Bárcena Mayor puede pastar hasta el río de los Llares, igualmente sin dormir.'
En base a estos datos, queda claro que la fiesta de la Virgen del Moral responda a un ritual en el que concluyen motivaciones religiosas, sociales y económicas. Una fiesta que simboliza la necesidad de dos comarcas de romper su aislamiento, de trascender sus propios límites geográficos y sociales, de salir de sí mismo y reafirmar su identidad, al tiempo que refuerzan los lazos de solidaridad y convivencialidad intercomarcales.»

La *Revista de Folklore* de la Fundación Joaquín Díaz, en su ejemplar número 471 de mayo 2021, dedicó algunos comentarios en las páginas 78, 89 y 90 proponiendo ser la Ermita de la Virgen del Moral un santuario claramente federativo con romerías de dos días de duración con sueltas de ganado y costumbres expresivas, con mozas disputándose las cintas que adornan la cabeza de la Virgen, en procesión, la cual significativamente, también es vestida de brezo y laurel. Se alude la presencia mayoritaria de las mujeres en este festejo como un residuo sacerdocio-mediación femenina relacionado con los santuarios *exnovo*. Otras citas de dicha publicación, refieren el que estos festejos suelen estar: *presididos por un árbol singular, normalmente el protagonista de la aparición mariana*. La existencia previa de deidades femeninas con un papel protector de la cotidianidad personal y comunal, que pudieron sincretizarse sin demasiados condicionantes con el perfil, soberano y polifuncional, de la Virgen María, facilitaron esta aculturación, tanto desde el punto de vista religioso como del folclore y las costumbres de los pobladores de Cantabria.

Las romerías, casi siempre en santuarios federativos, como esta Ermita de la Virgen del Moral, fue práctica en las poblaciones locales de como un residuo de las asambleas célticas en las que cada especialista desempeñaba su función, religiosa y de gobierno o de renovación de pactos, especialmente relativos en los espacios de transhumación. Destaca el artículo el protagonismo del toro en estas leyendas y costumbres, no tanto por ser este animal parte importante de la vida rural, como fuerza de trabajo y elemento habitual en el paisaje, debido a los usos ganaderos y transhumación de las comarcas, sino también por su simbología en relación con la mitología de raigambre céltica. Por igual, se reseña, la frecuente vinculación del toro «ayudando» a la Virgen al traslado de materiales cuando la construcción no se realizara en el lugar, según sus deseos.

Desde el siglo XVI, el pueblo tomó costumbre de vestir las imágenes para darlas más realismo. Telas y brocados, en algunos casos para ocultar su deterioro; en otros, para recrear tamaños mínimos, y aun otros, para presentar en pie esculturas de vírgenes sedantes en escaños o tronos. De estas vestiduras se crearon auténticas obras de arte con mantos y bordados procedentes de manos de las monjas castellanas, cuya aparición ya aparece documentada en el siglo XVI. Estos adornos formaron parte integrante de la imagen y se llegaron a sustituir tallas ya estropeadas, y aun otras en precario estado de conservación. Existen varios ejemplos de tallas nuevas, sustitutorias de las originales, que tan solo tenían trabajada las manos y el rostro de la Virgen y el Niño, siendo el resto un esqueleto o armazón cubierto con recarga de telas, adornos y joyas procedentes de donaciones. Algunas, ni tan siquiera presentaban pelo con el fin de poder agregarse cabellos humanos, donados por parte de fieles donantes. Estas imágenes denominadas «devanaderas», han venido a sustituir imágenes antiquísimas que por su deterioro, piadosamente fueron enterradas bajo el suelo de sus propios santuarios, a resguardo de no ser profanadas al ser retiradas del culto.

Subrayando algunos de los párrafos figurados en el libro, *Las devociones Religiosas en la España Moderna* de Ramón Maruri Villanueva, Universidad de Cantabria (2017), se expone en la página 131:

«Los orígenes de ermitas y santuarios con mucha frecuencia están relacionados con leyendas sobre supuestas apariciones de la Virgen, o con hechos también supuestamente extraordinarios. La tipología de las apariciones responde, en sus rasgos generales, a un patrón fijado, por lo general, en los siglos XV y XVI: apariciones en árboles, en grutas, en caudales de agua, o enterradas, mayoritariamente en el espacio rural; aunque también el fenómeno aparicional no es ajeno al mundo urbano, si bien esto parece hallarse ligado más a la contemporaneidad. A ermitas y a santuarios se acudía desde esa concepción instrumental que se tenía de la religión para solicitar favores, con preferencia relativos a la salud y a la protección frente a situaciones de riesgo que podían poner en peligro la vida de las personas. Testimonios palmarios de esto son los todavía hoy contemplables exvotos en muchas de esas ermitas y santuarios; en una economía donativa, característica de las sociedades tradicionales, los exvotos –al igual que las limosnas, las velas y otras ofrendas–, representarían el «contra don» por el «don» o favor recibido. Ciertamente, fijar en el tiempo y en el espacio tales redefiniciones plantea al historiador modernista, desde la perspectiva de las fuentes, problemas de mayor envergadura que al contemporanista y que al antropólogo; esto independientemente de que las transformaciones en el universo devocional, al menos como hechos sistemáticos, mantienen vínculos muy estrechos con el proceso de modernización, y este, sabido es, atañe ya de pleno a la contemporaneidad.»

Si bien la documentación conservada sobre el pasado medieval de la Ermita del Moral es más bien escasa, se puede aventurar la hipótesis de un pasado gótico. Diversas reformas en el tiempo, no han alterado el ábside original, donde aparece una ventana cuadrilóbula. Pese al impreciso conocimiento donde se determinen las imágenes veneradas dentro de la Ermita, la posición de esta ventana absidal, un recurso colocado de forma que pueda fabricar un cono cálido de luz sobre el retablo, ofrece un sabor de historia. Teniendo presente las características comunes de estar situados los cuatro semicírculos dispuestos en forma de cruz vertical y horizontal, el modelo de la Ermita del Moral presenta cierta inclinación, como si quisiera testimoniar la cruz donde fue crucificado el apóstol San Andrés. Una cita documentada sobre 1161, ofrece la existencia de la parroquia de San Andrés, en Las Eras (Burgos), donde existía un taller popular que desarrollaba su trabajo, ya en los primeros años del siglo XIII. Por tanto bien pudiera atribuirse elementos constructivos a la Ermita del Moral procedentes del taller de esta parroquia burgalesa de San Andrés.

El supuesto dominio del arzobispado de Burgos sobre estos l

La Consejería de Innovación, Industria, Turismo y Comercio, con el objetivo de dinamizar el territorio acondicionando e instalando paneles informativos, puso en valor diez rutas en el Valle de Iguña. La ordenada como sexta fue el llamado camino viejo del Moral; un sendero de 9,8 km y 700 metros de desnivel que partiendo de Los Llares alcanza los 1.050 metros hasta llegar a la Ermita del Moral. Para confirmar la ubicación exacta el Visualizador de información Geográfica (SIGPAC) del Gobierno de Cantabria, establece las siguientes coordenadas UTM:

X   404.743,02
Y 4.780.059,87

**Dos aspectos del interior de la Ermita; con la imagen engalanada en su día de fiesta (*fotos P. Buenaga*).**

La foto superior muestra el interior de la Ermita en toda su amplitud. La foto al pie representa el tamaño del primitivo altar, antes de ser modificada su estructura original (*fotos P. Buenaga*)

**Dos imágenes de la planta superior apreciándose una de las vigas trasversales tras la modificación del edificio (*fotos P. Buenaga*).**

Escalera de acceso a planta superior (*fotos P. Buenaga*).

**Campana de la Ermita** (*foto P. Buenaga*).

Imagen girada de una piedra en la fachada original cuyo ilegible texto confiere antigüedad a la ermita (*foto P. Buenaga*).

Siguiendo la costumbre de las antiguas ermitas, en la fachada occidental se sitúa una entrada que proyecta un cono de luz al altar (situado a Oriente), en el crepúsculo (*foto P. Buenaga*).

Iniciales grabadas en un pilar de la Ermita en recuerdo del *Tíu* Pedro, Pedro Buenaga Moral, en 1888 (foto superior); abajo las de su hijo Salvador Buenaga Pernía, en 1921 (*fotos P. Buenaga*).

Imagen de la Virgen, sin restaurar, que se exponía en la fachada sur, el día de la fiesta (*foto P. Buenaga*).

**Púlpito donde, antaño, el sacerdote impartía una homilía el día de la Fiesta (*foto P. Buenaga*).**

**Estos dos ventanales, por encima del refugio, fueron sellados en reformas de la Ermita (*foto P. Buenaga*).**

**Acceso al refugio por la pared oriental (*foto P. Buenaga*).**

**Acceso al refugio por la pared sur (*foto P. Buenaga*).**

**Interior del refugio (*foto P. Buenaga*).**

**Ventana cuadrilóbula** (*foto P. Buenaga*).

Si bien la documentación conservada sobre el pasado medieval de la Ermita del Moral es más bien escasa, se puede aventurar la hipótesis de un pasado gótico. Diversas reformas en el tiempo, no han alterado el ábside original, donde aparece una ventana cuadrilóbula. Pese al impreciso conocimiento donde se determinen las imágenes veneradas dentro de la Ermita, la posición de esta ventana absidal, un recurso colocado de forma que pueda fabricar un cono cálido de luz sobre el retablo, ofrece un sabor de historia. Teniendo presente las características comunes de estar situados los cuatro semicírculos dispuestos en forma de cruz vertical y horizontal, el modelo de la Ermita del Moral presenta cierta inclinación, como si quisiera testimoniar la cruz donde fue crucificado el apóstol San Andrés. Una cita documentada sobre 1161, ofrece la existencia de la parroquia de San Andrés, en Las Eras (Burgos), donde existía un taller popular que desarrollaba su trabajo, ya en los primero años del siglo XIII. Por tanto bien pudiera atribuirse elementos constructivos a la Ermita del Moral procedentes del taller de esta parroquia burgalesa de San Andrés.

El supuesto dominio del arzobispado de Burgos sobre estos lugares al vez lo manifestara el párroco de la iglesia de Bárcena Mayor en un artículo del 20 de agosto de 1984 publicado por el *Diario Montañés*, dando fe cómo durante la Edad Media, la braña del Moral estaba bajo la influencia de clérigos pertenecientes a la diócesis de Burgos:

«La erección de la capilla se debía a la venida todos los años de cuatro o seis legos y un fraile cistercienses de Burgos, que concretamente eran quienes llevaban estos terrenos cuidando los ganados; para tener el rezo y ofrecer la santa misa, y nació la capilla»

La ventana cuadrilóbula, aporta una cálida luz al interior (*foto P. Buenaga*).

Ventana cuadrilóbula en el ábside original.

**El marco de la ventana situada en el ábside, que permite ver el interior de la Ermita, también fue modificado en las reformas del edificio (*fotos P. Buenaga y Ediciones Librucos*).**

**Muro norte de la Ermita (*foto P. Buenaga*).**

**Fachada SE y acceso al refugio.**

**Lado NE de la Ermita (*foto P. Buenaga*).**

**Lado O de la Ermita (*foto P. Buenaga*).**

Vacas tudancas (*Foto P. Buenaga*).

El viajero que se acerque hasta la Braña de El Moral habrá recorrido lomas y hondonadas fundiéndose en el horizonte con las brumas grises que unen cielo y tierra. Un terreno dominado por montes baldíos y sierras de pastos, que fueron propiedad del Marqués del Infantado, Íñigo López de Mendoza, según pleito fallado en 1444 por el corregidor de las Asturias de Santillana. Dicho marquesado incluía los valles de Carriedo, Cayón, Penagos, Villaescusa, Piélagos, Camargo, Reocín, Cabezón, Cabuérniga, Alfoz de Lloredo, Anievas, Cieza y Lamasón, además de la villa de Santillana del Mar. En 1475 el Marqués de Santillana también recibió el Ducado del Infantado.

En lo referente a la Braña del Moral, su espacio está configurado por una serie de pastos de altura que son aprovechamiento histórico de cientos de cabezas de ganado procedentes de los valles de Saja y de Iguña, y de otros cercanos. Seles que fueron sitios de pastos destinado al sesteo, toma de sombra, abrigo y dormida de los ganados durante el verano, en un interfluvio de laderas disimétricas. Junto al cercado del sel, los pastores construían una cabaña o choza cubierta de troncos de madera y céspedes, en un conjunto que llamaban *abanzado*, donde se protegían de las inclemencias del tiempo, y pernoctaban.

Salvador Buenaga Pernia (1980) en la cabaña de pastor de Gandaría (*Foto P. Buenaga*).

Uno de los denominados como «Camino viejo de Los Llares» se utilizaba para subir el ganado a la Braña del Moral desde los valles del Besaya cruzando entre frondosas jalonadas por árboles propios del bosque de ribera (aliso, fresno, sauce), un bosque mixto donde predominan los castaños, bosquetes de tocio (*Quercus pyrenaica*) y ejemplares aislados de roble albar (*Quercus petrea*). El suelo, de espesa alfombra confeccionado con hojas otoñales, coinciden espacio con helechos y musgos verdosos y líquenes multicolores, compartiendo habitación con los invertebrados que habitan en las cortezas de los árboles. Trepando por las laderas, los relictos del mágico tejo van acercando al lugar donde el arroyo Canalejas crea saltos de agua, para después, alcanzar la Cuesta de Saldegeo, atravesar el robledal de Campío y, en progresiva ascensión, continuar al Pernal del Toro y coronar en el Alto de La Manzana. Luego, como si fuera una calva verdosa, surge la Braña de El Moral con su aspecto de naturaleza íntegra y olor a ocre de pastos. Allí parecen esconderse aquellos topónimos exclusivos del lenguaje pastoril cuando hablaban de: *las sus cosas.*

**Las frondosas de hayas y robles establecen un tapiz rojizo en el otoño.**

La intensa actividad ganadera tradicional, no ha sido obstáculo para mantener una protección adecuada de estos pastizales al ser declarados, casi en su totalidad, Montes de Utilidad Pública, desde el Decreto 25/1988, de 2 de Mayo como Parque Natural Saja-Besaya, en terrenos municipales de Ruente, Cabuérniga, Los Tojos, Hermandad de Campóo de Suso, Arenas de Iguña y Cieza; así como de la Comunidad Campoo-Cabuérniga. Son 24.500 ha repartidas entre los montes de Viaña, Río de los Vados, Serradores, Valneria, Barcenilla y Carracea, Collados y Callugas, Palombera, Fuentes, Tronquillo y Lodar, Soja, Rucieza, Deheso y Guazaporos y Poniente. El relieve se define por la acción de los ríos, principales modeladores de pequeños valles de vertientes regulares, que son seccionadas por arroyos y barrancos y culminan en formas pandas o alomadas.

Otro capítulo añadido era el dominio del agua; así el apartado 23 de las ordenanzas de 1758, del pueblo de Lamiña (Ruente), ordenaba:

> [...] para *ebitar* muchos incendios que pueden ocasionarse con el *motibo* de echar rozo en los corrales la escasez de agua que en este pueblo secare para *ebitar* estos *incobenientes* mandaron que *asta* el dia de San Andres de cada un año ningun vecino sea osado a rozar cosa alguna a *escepcion* de que el que lo roze tenga *proporcion* de meterlo en los establos y de consiguiente pasado el dia de San Andrés cualquier vecino que eche rozo en sus corrales lo a de esparcer en ellos sin dejarlo amontonado para que de este modo se pise y trille y se pueda *ebitar* el perjuicio grande que de estar echo montón se puede seguir.

Las áreas, que por uso tradicional se vienen dedicando al pastoreo, conforman una zona de 11.663 ha donde se incluyen las franjas boscosas que sirvan de refugio natural al ganado. Es un enclave donde se conjugan el culto y el uso ganadero, como por igual indiscutible punto para ser espectador oyente de la «berrea», cuando el ciervo ibérico (*Cervus elaphus hispanicus*), cumplen su ciclo de apareamiento en las primera lluvias, a principios del otoño. Es entonces cuando una tormenta de sonidos guturales, (los bramidos), se antepone a la aparición de un corpulento ciervo al emitir el sol sus últimos rayos de luz.

Su actitud pendenciera, alta la cornamenta y el pelaje manchado de barro tras haber estado revolcándose en los bañiles y revolcaderos en lucha con otros congéneres, por la posesión de un rebaño de hembras, muestra el dimorfismo sexual de la especie.

El amplio abanico de biotopos que se concitan en el territorio repercute en la creación de condiciones favorables para el establecimiento de un variado elenco de grupos faunísticos que aparecen en los ambientes de pastizal o entre los cervunales y retamares. Un elenco de fauna silvestre integrado por mamíferos, vertebrados autóctonos, aves, tanto migratoria como estacional, y también no podían dejar de estar presente las especies piscícolas como la trucha común (*Salmo trutta trutta*), y alguna población de piscardos (*Phoxinus phoxinus*).

Precisamente ese valor conservacionista mantiene, a su vez, no solo los valores ecológicos del territorio sino también un ritual de integración de los rasgos tradicionales de una comunidad campesina que sabe aunar ciclos donde, junto a la actividad ganadera, se comparten actos culturales de rancia identidad social entre las que destaca, con especial mención, la romería de la Virgen del Moral. Una vocación ancestral en torno a un singular pastizal, debido a la conjunción de pastos bajo la cima de Cueto Esquinas y junto a la venerada Ermita.

Cada sábado siguiente al 15 de agosto, pastores y vecinos de las cuencas situadas entre los valles de Iguña y Cabuérniga, acuden a la braña de la Virgen del Moral donde, como un reloj que establezca la llamada a una congregación, miles de habitantes de las comarcas colindantes y forasteros de diversos lugares, invaden la amplia pradera de la braña impelidos por el fervor mariano a esta Virgen del Moral y su venerado santuario. Una fiesta, cita importante para los iguñeses y habitantes de Los Tojos, Cieza y Cabuérniga. El tipismo y el fervor religioso, unidos a las de diversión, han sido las constantes de las celebraciones a lo largo de la trayectoria de esta fiesta desde cuando el tiempo no se recuerda, los devotos, tienen por costumbre iniciar la subida a la braña un día antes de los festejos para poder acampar a los pies de la Ermita. Se extienden tiendas de campaña sobre los *prados de diente* en espera de la noche; se encienden hogueras y a la tibia luz de los troncos encendidos se unen notas de canciones, mezcladas junto al chisporroteo de las brasas. Al día siguiente se celebra la misa mayor, y a continuación se inicia la procesión de la Virgen por la braña, entre cánticos alegóricos a su venerada imagen. Tras el retorno a su hornacina en la Ermita, continúa el festejo con una comida campestre de hermandad entre todos los asistentes culminando los actos profanos con bailes regionales y la celebración de una romería.

Antaño se celebraba la noche del día 14 y el día 15 se comenzaba con la misa y a continuación la *pasada* del ganado por toda la campa; luego los mozos quintos de Valdeiguña portaban a hombros unas andas donde iba colocada la imagen de la Virgen de la que colgaban cuatro cintas a los lados; cintas que eran objeto de una cordial disputa por parte de las mozas para ir junto a la imagen. El resto del día trascurría entre bailes y canciones; tal con la misma devoción del presente.

Por igual de festivo eran las prácticas previas de cuando se subían las manadas de ganado a los puertos. Una especie de nomadismo ascendente hacia los pastos estacionales de verano, donde las reses adquirían todo el protagonismo semejando intuir la fresca hierba de los pastizales de la Braña del Moral, sin cercamientos ni vallados; práctica que hoy, debido a la emigración de ganaderos de montaña a las tierras bajas, ha disminuido.

Sin embargo algunos privilegios altomedievales, como los concedidos al monasterio de Oña en el año 1011, o al obispado de Burgos en el 1068, refieren movimientos de largo recorrido de trashumacia o nomadismo, hacia las masas de roble y hayas de los montes bajos antes de alcanzar la Braña del Moral. Sería como descubrir una especie de «santuario», donde la paz y la tranquilidad favorecían el proceso de conservación y desarrollo de la vida vegetal y faunística; tal como José María de Pereda lo dejó escrito en *Peñas Arriba*.

Desde aquellos lejanos tiempos el bosque fue dejando de ser considerado como un simple espacio productor de madera; un complejo ecosistema con múltiples beneficios, como defensa del suelo ante la erosión y de la vida silvestre que lo constituye y alberga; un productor de oxígeno y frutos vitales para la supervivencia de todo género de vida con un aspecto progresivo bastante erosionado y desforestado por quemas y el intenso pastoreo. Fue, en definitiva, la pérdida parcial del equilibrio biológico en el vértice de cuya pirámide se encuentra el hombre, con intereses, muchas veces, en contraposición con el medio en que vive.

En las últimas décadas, las diferentes metodologías están permitiendo afrontar planteamientos más ecológicos de las antiguas modalidades con respecto a los criterios del tratamiento de recursos forestales, teniendo en cuenta las características de cada territorio. Las primeras gestiones surgieron en Estocolmo del año 1972, cuando en la Conferencia de Naciones Unidas, sobre el Medio Ambiente, se instó para que en los principios de conservación de los ecosistemas y de los recursos naturales y paisajísticos, fuesen incorporados, como variables en los modelos de desarrollo sostenible, y convertirse en meta general de estudios estratégicos, donde el desarrollo sostenible no fuese entendido como un «asunto de medio ambiente» si no también clasificado como de interés cívico para la comunidad. Para ello se plantearon algunos logros para desarrollar actitudes positivas, frente a los recursos naturales, con la educación ambiental y la modernización administrativa (inventariado y ordenación). ¿Hombre *versus* bosque u hombre y bosque, un destino conjunto en la vida?

El buitre y el jabalí son huéspedes habituales de los cielos y brañas de la Reserva Natural de Saja-Besaya.

**Lo denominado como desmogue de la cuerna del corzo, cumple su renovación anual en los bosques de la Reserva Saja-Besaya.**

Ciervo (Cervus *elaphus*).

Lobo (*Canis lupus*).

**Zorro (*Vulpes vulpes*).**
**Estos animales se integran en el colectivo de mamíferos y cérvidos de la fauna silvestre del Parque Saja-Besaya (*fotos P. Buenaga*).**

La ardilla roja (*Sciurus vulgaris*), pese a su pequeño tamaño de cuerpo alargado y estrecho, es uno de los roedores del Parque Saja-Besaya apreciados por la vivacidad de movimientos.

Los perros del pastor siempre han formado equipo con su dueño en el cuidado del ganado, como este de nombre «Zeus», de la familia Buenaga (*foto P. Buenaga*).

Todo ello conduce al actual paisaje de estos lugares donde la denominación más generalizada, en relación a los espacios de pastizales, es la de amplias extensiones, principalmente de herbazales que ocupan los pisos culminantes, y laderas de las zonas situadas por encima de los bosques, es decir las denominadas «brañas»; término cuyo significado original parece aludir, de forma inequívoca, *a cada uno de los herbazales más o menos limpios de matorral que se pueden distinguir dentro de cada puerto*. La etimología y significado de este término ha sido objeto de continuas discusiones que en poco han ayudado a aclarar su vinculación al sistema pastoril, ni tampoco su desigual presencia. Una de las opciones más defendida es su procedencia del latín *branea*, que significa *veraniza*. También algunos autores proponen que esta definición alude principalmente a las construcciones pastoriles y no a los pastos, apoyándose para ello en la documentación histórica que parece diferenciar entre brañas y pastos. Sin embargo, esta hipótesis, que relaciona el término «braña» con el de las construcciones asociadas, no parece sostenerse en otros espacios (como sucede en Cantabria) en los que las brañas definen un espacio mucho más amplio que la pequeña majada que alojan un único chozo y un pequeño corral donde tenía su precaria vivienda el pastor, y en donde se ordeñaba el ganado y a veces se hacía queso. Estos últimos, fueron simples recintos cerrados con muros de piedra hechos, *al su caer*, de una sola hilada y que también eran conocidos como *bellos*, término empleado para denominar a los jatos o terneros.

Numerosos ejemplos aparecen en Cantabria en que dominan las praderías invernales, como en el área pasiega. Es fácil deducir en todos esos casos que se trata de un proceso de transformación de las brañas, de intensificación de su aprovechamiento convirtiendo en prados de siega lo que eran meros pastizales de diente. En otros lugares de Cantabria, como sucede en lugares de Liébana, el término braña aparece sustituido por el de *campo* (Campo Mayor, Campo Menor), o *vega*, como la tan nombrada Vega Urriello. El término *busto*, que designa igualmente herbazales en los puertos, es utilizado en el mismo ámbito territorial que braña.

Fuera de esta remota diferencia semántica nada distingue hoy los bustos y las brañas, ni en sus funciones ni en sus formas según el territorio donde se ubiquen, pero sí puede ser de utilidad para entender la organización de los espacios ganaderos que fueron señas de identidad cuando las manadas de reses estaban bajo la vigilancia del *tíu* Pedro, en la Braña el Moral.

En las siguiente líneas se expone un breve contexto con algunas de las informaciones facilitadas por Pedro Buenaga Pernía a su hijo Pedro Buenaga Corrales, relativas a las actuaciones previas a esta especie de acontecimiento de salida a los puertos, de las manadas de ganado. Prácticas reproducidas a lo largo del tiempo con una lenta evolución que las ha ido haciendo menos frecuentes pero no inexistentes: vacadas con sus mejores campanos hacia la Braña del Moral.

«A principios de mayo se concentraba el ganado donde esperaban el pastor, sarruján, un burro cargado con *jatera* (comida) y dos perros mastines con carranclas como protección ante el ataque del lobo. En la plaza se exponía una masera de matanza para recoger las voluntades de los vecinos (chorizo, tocino, harina, alubias, tabaco, etc). Acto seguido se sacaba a la plaza al toro padre, de 6 o 7 años, y otro novillo seleccionado de 3 años, con el fin de sustituir al toro mayor. Una vez juntos les dejaban pelearse en un sitio de costumbre con el objeto de que quedase uno como el jefe de la cabaña, que normalmente era el joven. Después, dejado el pueblo, la primera parada era el sel de Los Perojales, lugar de montes bajos donde la primavera madruga más. Esta estancia duraba de 20 a 25 días en los que el pastor (*tíu* Pedro), contaba con la ayuda del sarruján y *vecero* (hombre del pueblo que se turnaba cada 24 horas). Muda a los puertos altos, es decir a la Braña del Moral, donde *tíu* Pedro permanecía hasta el 20 o 25 de octubre. En esa fecha comenzaba la bajada del ganado y, hasta el día de San Martín, permanecía en los Vaos de Porciles o Sel de Turná. Las obligaciones que contraía el pastor eran las de *acurriar*, juntar el ganado todas las noches a los seles. El cuidado de cuatro peñas vedadas: Peña los Lobos, Peña los Jabalíes, Peña de Barbacana, y Peña el Caballo, más el cuidado de cualquier ataque del lobo. Las prendadas de ganado, que en este caso formaban parte los invernales de Bárcena Mayor y Correpoco, así como la mies alta de Bárcena Mayor, que era el Alto la Guarda y Domesme».

Como en muchas ocasiones no es posible superar los requisitos establecidos por ciertos estamentos oficiales para acceder a los archivos oficiales, las informaciones oficiosas acaban por obtener vida propia. Pese a esos inconvenientes, solo queda resignarse a la condescendencia de particulares con sus propuestas e interpretaciones, que facilitan referencias de lo que se ignora. Por otra parte no es posible informar de todo lo que se quisiera, y en ocasiones se escribe lo que se considera de verdadero interés.

Como resultado de diversas gestiones, se han obtenido algunos datos cronológicos relativos al mantenimiento y reformas de la Ermita del Moral desde 1898 hasta 1984; casi una centuria de reseñas. Un edificio donde el ábside se lo puede considerar como un proceso de rústicos oratorios donde los cuidadores de los ganados venidos de tierras castellanas pudieron *tener rezo y ofrecer la santa misa*; un encuentro con la memoria de aquellos legos y sacerdotes, que dejara constancia el párroco de Bárcena Mayor, en las declaraciones a la prensa, ya citadas.

Se tiene noticias históricas de cómo la religiosidad popular experimento un auge entre 1556 a 1604 respectivamente, por los fieles para ayuda contra las epidemias, como por igual el desarrollo del culto a la Virgen como protectora de las cosechas, aumentando desde la segunda mitad del siglo XVI. Consecuencia de ello, pudiera ser admisible la necesaria ampliación del recinto de la Ermita en torno al cual se comenzaron a organizar festejos, dentro de ese ambiente de profunda devoción efigie de su venerada Virgen.

–La Junta de Riovaldeiguña históricamente se ha hecho cargo de los gastos que ocasiona el realizar la fiesta del Moral, tanto la parte religiosa como la parte profana, así como del mantenimiento de la Ermita.

–En el año 1898 estando parte de la Ermita en estado ruinoso se acuerda hacer un reparto vecinal de 2 reales por cada vecino y 1 real por viuda además de pedir al ayuntamiento de Arenas de Iguña, un donativo para cooperar a dicha reparación cuyos materiales consistieron en 6 cargas de cal, un carro de teja y 4 tablas de 8,5 pies de largo y 1 de ancho.

–En el año 1902 se hace recomposición de la Ermita del Moral por hallarse en ruinas dicho edificio, y para sufragar los gastos se venden trozos de roble, más 10 chopos pertenecientes a la casa-concejo de Riovaldeiguña.

–En el año 1903 se compra teja en Bárcena Mayor para retejar el portal de la Ermita del Moral y también se limpia dicho portal. Además se compran siete sacos de cal hidráulica y una llave y panal para dicha Ermita. En ese mismo año también se acordó efectuar una profunda reforma del edificio que consistió en:
1. Deshacer y hacer de nuevo el tejado de forma aceptable para que no haya goteras.
2. Levantar como una base toda la pared/muro de la Ermita a excepción de la capilla, con sus salideras correspondientes para las aguas.
3. Deshacer y hacer de nuevo los retrivos correspondientes y que sirvan para la defensa de los muros de la Ermita.
4. Repasar y enrrajar todas las paredes del mencionado edificio con materiales de cal y arena.
5. Hacer un lavatorio de quita y pon en la puerta del portal y un cepillo para recoger las limosnas.
6. La saca de piedra y arena que se precise es a cuenta del rematante de la obra, siendo los acarreos a cuenta del pueblo.

–En 1904 se realizan trabajos de entablar la capilla de la Ermita que duran cinco días con ayuda de un peón.

–En el año 1906 se pinta el retablo de la capilla de la Ermita.

–En 1910 se realizan obras en la Ermita como tejas, cabrios, ripia y otros enseres de suma necesidad.

–En el año 1913 se reteja y limpia el portal de la Ermita.

–En 1930 se realiza una reforma de la Ermita del Moral, derribando un cuarto conjunto a dicha Ermita y parte del portal principal quedando este indefenso de la pared por estar serrados los cabrios. Se reponen los daños causados en el cuarto y en el portal de dicha Ermita.

–En el año 1930 se ceden 6 carros de tejas de la destruida escuela de Riovaldeiguña para la Ermita del Moral.

–En 1934 se hace una ventana portátil de tablas, para el hueco de la pared del poniente de la Ermita del Moral, para evitar la entrada de las nieves en la parte del coro.

–En el año 1938 se cierra un boquete producido durante la GC española. En el mismo año se bajó la Virgen, al valle en procesión, para una novena en acción de gracias.

–En el año 1941 se hizo un arreglo a la Ermita ya que esta estaba muy deteriorada por los vientos, colocación de 2 rejas de 2 ventanas y el cerrojo de la puerta entre otras cosas.

–En 1947 se bajó a la Virgen del Moral a petición de varios vecinos, dada la pertinaz sequía, para que se le hiciera una novena.

–En el año 1948 se compran 500 tejas para la Ermita, dado que el tejado se encuentra con muchas goteras y escaso de tejas.

–En 1948 se autoriza a los cazadores colocar la imagen de su Santo Patrón (San Huberto), en una hornacina en la pared, corriendo con los gastos dichos señores, sin que esto les concediera ningún derecho sobre la Ermita.

–En 1949 se acuerda bajar a la Virgen del Moral a la Ermita de San Roque para hacerle una novena e implorar la lluvia tan necesaria para los campos.

–En 1955 se realiza la construcción de la pista que va de Turdías a la Ermita.

–En el año 1955 se realiza una reforma del altar, enlosar, estacas soleras, púlpito, pintar zócalo, colocación de rejas y peanas del retablo, pilastras del coro, limpiar todo alrededor de la Ermita y colocar las losas de un muro, abrir una zanja y dar cemento a la parte de arriba de la Ermita; también se acuerda pedir 30 robles para subastar y así sufragar el coste de la reparación de la Ermita del Moral, propiedad de la junta de Riovaldeiguña, por encontrarse en estado bastante ruinoso.

–En el año 1959 varios señores regalan una campana para la Ermita del Moral siendo la junta vecinal de Riovaldeiguña la que corrió con los gastos de su transporte y colocación en dicha Ermita.

–En el año 1984 se instala un nuevo tejado en la Ermita del Moral, visto el progresivo deterioro.

# 2.

# El *tíu* Pedro

Pedro Buenaga Moral, más conocido como *tíu Pedro* había nacido en Las Costanas (Villasuso de Cieza, lugar de Arriba), el 8-12-1876, y falleció en Pedredo el 31-1-1965; hijo de Antonio Buenaga Viaña y Cándida Quirica Moral Cuevas-Bustamante, contrajo matrimonio el 13 de enero de 1906 con Alejandra Pernia Payno, natural de Pedredo, en la parroquia de San Sebastián Mártir, de Pedredo, bendecidos por el párroco, Domingo de los Ríos Solaya.

De aquel matrimonio nacieron dieciséis hijos, de los cuales sobrevivieron trece, comenzando aquí la saga de los Buenaga, en el Rincón. Los varones ayudaron al *tíu* Pedro como sarrujanes a medida que iban creciendo para colaborar en el cuidado del ganado; labor que a su vez, el progenitor de tan numerosa prole, había iniciado por igual, como sarruján tiempo atrás, cuando tenía once años cuidando las vacas de las cabañas de ganado de la Junta Vecinal de Valdeiguña, en la Braña del Moral, junto a su padre, Antonio Buenaga Viaña.

| | | |
|---|---|---|
| Antonio (1906) | José (1914) | Vitorina (1922) |
| Ginia (1908) | Pedro (1917) | Manuel (1924) |
| Serafina (1909) | Lucinda (1919) | Francisco (1925) -mellizo- |
| Cándida (1911) | Salvador (1921) | Dominica (1929) |
| Felisa (1912) | | |

En 1893 se trasladó a Pedredo donde fue contratado como pastor por la Junta Vecinal de Valdeiguña, labor que desempeñó por espacio de 60 años (considerado *Pastor Mayor*). Su dedicación al ganado lo alternaba con las de Mayordomo de su venerada Ermita de la Virgen del Moral, situada a unos cien metros de la vivienda que ocupaba con su familia. Debido a esa contratación permutó su domicilio en

Pedredo con el temporal en la braña, donde permanecía durante seis meses (desde mayo a noviembre), salvo caso de enfermedad o cualquier otra urgencia. Durante los meses de invierno guardaba del ganado en la sierra del pueblo. Todo vecino que tuviera que bajar una res, debía comunicárselo al *tíu* Pedro para estar al corriente del número de cabezas a su cuidado. Su acreditación como pastor de la Junta Vecinal de Riovaldeiguña le suponía no solo la tarea de vigilar el ganado de la Junta si no, por igual de las *gajucas* (vacas ajenas a su demarcación), de los pueblos de Mercadal, Ubiarco, Novales y Viérnoles, a las cuales se integraban varias *copias* de Ugarte, Estrada y la Virgen Grande, de Torrelavega. Por tanto, entre el ganado de aquí y de allá, el *tíu* Pedro tenía bajo su cuidado más de 500 cabezas de ganado diseminado por los prados de la Braña del Moral.

El respeto y cariño que el *tíu* Pedro mostró siempre por su tan querida Ermita de la Virgen del Moral, con una amalgama de cariño y respeto –tal vez pudiera admitirse como una elección mariana–, hacía que todo estuviera limpio y ordenado, tanto dentro como fuera del edificio, durante el tiempo de su estancia en el puerto. Esta habitual conducta de respeto se acrecentó, aun más, durante los atormentados inicios de la Guerra Civil española cuando se opuso a un grupúsculo de excitados individuos con la ventolera de arrasar la Ermita de la Virgen del Moral, como si fuera la representación de un *ancien régime,* merecedor de ser destruido.

El *tíu* Pedro (don tío Pedro), por su vocación con la Ermita y su Señora, con la sensibilidad de un pintor estetizante, se plantó con las piernas y los brazos en jarras, y a la manera numantina, gritó: *Si tenéis cojones, haced a lo que habéis venido, pero conmigo y mi familia dentro de la casa de una Virgen que siempre os ha recibido con cariño.*

Tal vez la providencial presencia de un familiar del *tíu* Pedro, al mando de aquel contingente, alivió la tensión creada; los integrantes del pelotón, pese a estar teñidos de conjeturas irracionales que acechaban más allá de quienes compartían inquietudes políticas, desistieron de su actitud de impiedad y barbarie; ninguno tuvo la convicción necesaria. El mando ordenante fue informado de la supuesta destrucción de la Ermita del Moral; y allí siguió.

Este hecho pudiera parecer un rumor inusual o una hipótesis, sin embargo le fue trasmitido verbalmente al autor de este trabajo –de intensa actividad montañera–, en una de las muchas ocasiones en las que visitaba la Ermita de la Virgen del Moral, aproximadamente sobre el 2005; el recuerdo de los acontecimientos, más o menos, fueron así:

*«El silencio de la braña fue roto por el ruido de algunos vehículos. Se pararon los motores y un hombre y una mujer –ambos de cierta edad–, encabezó el grupo de personas para dirigirse al interior de la Ermita; aproveché la ocasión de conocer, por dentro, la Ermita tantas veces contemplada desde el exterior. Se cantó una trova dentro del templo; pregunté, y un integrante del grupo me informó que los dos ancianos eran hijos del tíu Pedro, el pastor durante tantos años. A la salida, la mujer, me mostró las piedras hincadas en la tierra, que fueran cimientos de la vivienda donde ella vivió con su familia, en la Braña del Moral; me comentó recuerdos de las vivencias de su infancia –tremendas–, en aquellos lugares entre animales silvestres y noches de niebla; por último me relató la gesta, expuesta anteriormente de su padre, el tíu Pedro, en el transcurso de la Guerra Civil española».*

La presencia del *tíu* Pedro no estuvo exenta de episodios ajenos a su labor de pastor y mayordomo de la Ermita; de hecho, en el verano de 1937, estando en la cabaña de la Braña del Moral *tíu* Pedro y dos de sus hijos, se presentó una patrulla de soldados nacionales con la orden de ser conducidos a una cuadra del pueblo de Cieza donde les tuvieron encarcelados a la espera de ejecutarlos, sin juicio previo; lo que se conocía en aquellas fechas como «el paseo». Por fortuna el jefe de Falange de Cabuérniga, Laureano Cuesta (*tíu* Llano), que se hallaba en Santander se enteró del hecho presentándose de forma urgente en dicho pueblo. Exigió el motivo de la detención y acto seguido la liberación de los tres pastores, *puesto que tíu Pedro y su familia son gente de bien, que si la Ermita del Moral sigue en pie, eso se debe a él.*

Fue un hecho ante las tumultuosas circunstancias ideológicas de la Guerra Civil española o, tal vez, como si la Virgen hubiera intercedido por su Mayordomo cuando, un año antes, él antepuso la salvación del santuario, sin importarle el riesgo para su propia vida y la de su familia. Protagonismos de un pasado que se fueron desperdigando por los enseres de labranza de la cabaña del *tíu* Pedro, en la Braña del Moral; allí donde ahora siguen presentes las manadas de ganado bajo el sol deslumbrante que entibia el aire frío e inmóvil de la mañana.

En el reverso de una trova escrita por José Manuel Cuesta, (el cartero de Correpoco) nieto de Laureano Cuesta, quien fuera intercesor del *tíu* Pedro desde su posición de jefe de Falange, en Cabuérniga, una dedicatoria deja constancia de cómo la amistad entre su abuelo, con invernal en Pernalengo y vecino del *tíu* Pedro en la Braña del Moral, prevaleció ante cualquier otra circunstancia.

Cuenta una antigua leyenda
que esta virgen que aquí vemos
rascaba un toru la moña
cuando la sacó en sus cuernos.
Y la saco de un moral
según nos cuentan los viejos,
y el moral le dio esti nombre
por el que hoy la conocemos.
En la guerra jue tiu Pedro
el que esta ermita salvó
y al terminar la contienda
ella le pago el favor.
Juerón tiu Pedro y dos hijos
detenidos en su casa
llevados al pueblu Cieza
y cerrados en una cuadra
para darles el paseu
al otru día por la mañana.
Pero el jefe de Falange
que se hallaba en Santander
al regresar y encontrarlos
les pregunto a sus autores,
¡Quien os lo ha mandau hacer!
Devolverlos a su casa
tiu pedro es hombre sagrau
que nadie le toque un pelu
que no güelva a suceder.
Que tiu Pedro y su familia
son todos gente de bien
que si el moral esta en pie
eso se debe a él.
Desde el altu de la Guarda
la pretendían destrozar
que ya había una batería
con orden de disparar.
Y el que estaba al frente de ella
de ellos era familiar,
se metieron en la ermita
pidiendo su protección.

Tiu Pedro les mando avisu
de que no lo juera a hacer
porque estaban dentro de ella
el mismu con su mujer.
Y como aquel familiar
tamien era hombre de bien
no disparo contra ella
porque no lo podía hacer.
La darán por destruida,
porque así lo informaré
que no los puedo matar
eso yo nunca lo haré.
Y arriesgando sus dos vidas
esta ermituca salvo,
por eso y ya de por vida
se le concedió el honor
de que portase en sus manos
vuestru benditu perdón.
De él pasase a un hiju suyu
y siga esa sucesión,
lo acordaron los dos valles
aunque nunca se escribió.
No jaz muchu había aún testigos
de lo que aquí se acordó,
que sirva mi humilde trova
del escritu que faltó,
como sirve esta ermituca
a los dos valles de unión.
Yo espero que allá en los cielos
lu tengais cerca de vos.
Tamien a mis dos amigos que
eran Pedro y Salvador
y a lucas cuesta mi padre
que esta historia me contó.
A mi padre jue mi güelu
y a mis hijos seré yo
y de esta forma la historia
irá a otra generación.

Trova en honor y memoria de
Pedro Buenaga Moral y de su mujer Alejandra Pernia Paino

Jose Manuel Cuesta Fernández
23 de mayo de 2005

**Trova creación de José Manuel Cuesta «el cartero de Correpoco», nieto del *tíu* Llano, en honor y memoria de Pedro Buenaga Moral y de su mujer Alejandra Pernia Paino (*foto P. Buenaga*).**

Para mi amigu Pedro Buenaga
nietu del difuntu tiu Pedro el pastor
de un nietu de tiu Llano que aun que
el unu era de izquierdas y el otro
jefe de Falange supieron respetarse
y conserbar su amistad de por vida
espero que esta trova nos allude
a conserbar la nuestra y que se la
Transmitamos a la siguientes generacion-
como hicieron ellos con todo el cariñu
de tu amigu el carteru de Correpocu

José Manuel Cuesta

15 - 8 - 2005

Dedicatoria a Pedro Buenaga Corrales, en la trova de José Manuel Cuesta «el cartero de Correpoco», nieto de Laureano Cuesta (*foto P. Buenaga*).

Del merecido conocimiento al recuerdo del *tíu* Pedro, su familia guarda el recorte de un artículo de la prensa local, publicado el 3 de marzo de 1934, con el título de «Articulo de la Tierruca» y firmado por *Don Ferrante del Club Alpino Tajahierro.*

Era en la venta Tordías donde descansaban los carreteros y ganados que venían de Castilla a nuestros puertos de la costa por Monte Quemado, pues la carretera de Valladolid es de fecha muy posterior. En esta venta, torciendo hacia la izquierda y siguiendo la divisoria del Saja y el Besaya, en otra hora llegué al Moral y allí como viera que el tiempo se ponía feo, y que si quería llegar a dormir a Bárcena Mayor tendría que aguantar el agua dos horas y media sobre mis espaldas, decidí anclar y me amparé en la hospitalaria cabaña del tiu Pedro. Ya me dijo él, que hacia bien, pues la noche se echaba encima y el tiempo era de perros como para andar pisando pozas. A los cinco minutos ya, estaba dentro de la cabaña puesto en paños menores, secándome de la mojadura frente a una formidable lumbre que si me calentaba, bien me lo hacía pagar con el humo que se metía en lo más hondo de mis pulmones, mientras en una olla de barro saltaban unas patatas que el tío Pedro condimentaba como quien ejercía un sacerdocio. Para comerlas con su buena torta de borona y un buen *tanquilitao* de leche, nos salimos al *portaluco*, especie de antepuerta de las cabañas y allí, sentados los dos en un poyo, y el sarruján no en tan cómodo asiento como nosotros, si no en las albarcas. Empezamos a ver, con pena, como desaparecía más deprisa de lo que quisiéramos, la suculenta cena. Un magnifico mastín presenciaba la escena, entornando la cabeza con envidia a cada bocado que llevábamos a la boca, pero pronto cesó en su contemplación, pues *agulló* el lobo y fuese a cumplir con su obligación. Encendidos los pitillos, la niebla empezó a ceder y por entre un girón de ella asomó la silueta oscura de la Ermita y con ello mi deseo de saber su historia, que amable y reposadamente me contó el pastor.

«Hace ya muchos años, tantos que nadie los recuerda, en este mismo sitio, había un pastor de Valdiguña, que pasaba al igual que yo, más de medio año con las vacas en el *puertu*. Un *guen* día, el *toru* de la cabaña corneando en un *terreru* sacó con sus cuernus una Virgen que *diz* que si habían *enterrau* allí *pa' escondela* los cristianos cuando peleaban con los moros. Pues ello fue que el *toru* se arrancó derecho como un can hasta la *mesma* cabaña donde estaba el pastor, llevando la imagen encima de los *cuernus*. *Cogiolo* este con *tó* el respeto que merece la Reina de los *Cielus* y al día siguiente muy temprano bajó al *pueblu* a *llevásela* al Señor Cura. En aquellos días no se habló de otra cosa y entre *toos* los vecinos que entonces había más religión y más aquel, escotaron *pa' jacela* una *ermituca* a la vera del *mesmo pueblu*. Pero, cuál no sería el pasmo de *toos*, cuando después de tener ya *preparaos toa* la piedra, los cabrios y las tejas y ya *empezaos* los cimientos, una buena noche desaparecen como por parte de brujas, y al llegar el cura a la iglesia se *alcuentra* con que tampoco está la Virgen que allí tenia mientras la ermita se *jacia.*Ya andaba *too* el vecindario *regueltu* pensando en lo que había pasado cuando cerca del mediodía llega el pastor del *puertu, anjeando* y más muerto que vivo. *Dieronle* un trago y al fin pudo hablar y contar lo que vió. A la *mañanuca*, como de costumbre, cuando salió de la cabaña a *acurriar* el ganado, se había *encontrao* en *metá* de la Braña *toas* las piedras, cabrios y tejas que estaban *preparaos* en el pueblo, y en medio de *too* esto, la Virgen. La *mesma* Virgen que había *bajao* hacia poco tiempo. Pero al ir a *cojela*, como la otra vez, vió que ni *movela* podía del suelo, como si pesara más que *too* el monte junto. Vieron entonces el cura y los vecinos, que era voluntad de la Reina del *Cielu* sentar allí arriba sus reales, y ese *mesmo* día aquí se vinieron *toos* en procesión y no bajaron hasta que echaron la última teja a la ermita. *Diz* que en el camino se cansó la Virgen y se sentó a descansar, y allí *mesmo* en el «Pernal de Cuchiu» hay una peña que se llama la *sentá de la virgen*, pues quedaron señaladas las huellas de su cuerpo y de una de sus manos.»'

Todos los años al sábado siguiente de la Virgen de agosto se celebra una romería en El Moral. Es una de las pocas romerías clásicas que quedan en la Montaña. pues el que va, tiene que andar monte arriba por los menos cuatro horas, y esto se queda para los que tienen fe. Allí no hay nada que desfigure lo Montañés; allí solo suben los verdaderos romeros. No hay organillos, ni charangas: pero en cambio hay unos mozos de Viaña, de Ucieda, de Bárcena Mayor y de Correpoco que tocan la pandereta y cantan con destreza.

Sin embargo, hasta allí ha llegado también el odio y la mala voluntad, pues el año pasado vi, con pena, que subía alguien de Arenas de Iguña, al que dios perdone, a impedir que saliera la Virgen en procesión por la braña, como tradicionalmente lo venía haciendo en ese día en que se paseaba la Señora ante el escenario maravilloso de la naturaleza.

Las gestiones efectuadas por el Ayuntamiento de Arenas de Iguña, ante la Consejería de Innovación, Turismo y Comercio solicitando fuese declarada la exaltación de la Virgen del Moral como «Fiesta de Interés Turístico de la Comunidad Autónoma de Cantabria», fue promulgada mediante disposición del 24 de octubre de 2018.

**Desde muy antiguo los vecinos de los valles colindantes han subido hasta la Braña del Moral para honrar a su Virgen del Moral (*foto cedida por Ediciones Librucos*).**

En un breve artículo publicado el 23 de marzo del mismo año 1934 por el periódico *El Cantábrico*, ofreciendo noticias de Río Valdiguña y titulado *Un episodio de la última nevada*, elogiaba la tenaz actuación de Pedro Buenaga Moral cuando los vecinos demandaron su ayuda para encontrar las reses que se hubieran perdido por los montes de los contornos. No resulta preciso añadir el que mejor precio para el *tíu* Pedro no fueron los elogios de los vecinos si no, en su humildad, la recuperación de la vaca envuelta por la niebla y la nieve fue su mejor y única recompensa. En esta página y siguiente se reproduce el artículo de la prensa.

## Río Valdiguña.

### UN EPISODIO DE LA ULTIMA NEVADA

Durante la neveda que comenzó el día 25 del pasado mes de febrero, y la cual alcanzó tan grandes proporciones, se organizaron patrullas de vecinos para buscar y traer al poblado las reses que se encontraban en los montes de los contornos.

Entre esos convecinos de Pedredo, verdaderamente heróicos, figuraban el pastor Pedro Buenaga Moral, Cayetano Ruiz, Manuel Díaz y los jóvenes de San Cristóbal Tomás González y Emilio Fernández. Como faltara una vaca, se organizaron nuevas salidas en días sucesivos por los vecinos Luis Vélez y Emilio Fernández, el pastor Pedro Buenaga, Felipe Fernández y Eliseo Fernández, sin conseguir sus propósitos, a pesar del enorme esfuerzo realizado y el peligro corrido. Después, el 3 de marzo, se organizó otra patrulla exploradora, compuesta por el ya mencionado pastor Pedro Buenaga, Sinforiano Vela (dueño de la res) y los vecinos Eliseo Fernández y Felipe Fernández.

Por fin, y tras otras tentativas dignas de elogio, el día 17, el pastor Buenaga encontró la vaca, viva, en un acebal, en Braña Mayor (Puerto de Serradores).

El pobre animal había vivido dicho tiempo entre la nieve, comiendo hoja de acebo y yedra.

Se hicieron los naturales elogios de la tenacidad del pastor, que lleva medio siglo con su cabaña al lado de la ermita donde se venera la Virgen del Moral, y se celebró la hazaña con una excelente comida, que fué ofrecida por Sinforiano Vela.

S. F. N.

En otra semblanza al «pastor del Moral», el diario *Alerta* del 31 de enero de 1991 publicó un reportaje –del cual se exponen algunos párrafos– titulado ¡*Que buenos músicos los pastores*!, con las iniciales «J.M.G.» sobre una convivencia de Fernando Bustamante Quijano, con el *tíu* Pedro.

«Al que más admiraba Fernando Bustamante era a Pedro Buenaga, que guardaba en la braña del moral, la cabaña de Valdeiguña a las que sumaban unas cuantas *gajucas*, en total unas 500 vacas. El mejor chozo por su proporcionado tamaño y por su huerto defendido por sarzos de avellano sostenidos por robustas estacas era indudablemente el del Moral, según relataba al detalle Bustamante-Quijano.

'Había dormido en dicho chozo y cuando nos levantamos una espesa niebla cubría todo el paisaje. Esperamos hasta las 10 de la mañana para ver si despejaba, pero como no fue así y la niebla espesaba cada vez más se decidió Pedro Buenaga a dar una vuelta por las vacas dejando a su hijo, el sarruján y del mismo nombre, hoy conocido como El Campanero, en el chozo. Hicimos un recorrido de unas dos horas y media. Pedro delante y yo pegado a sus albarcas. En todo el recorrido no veríamos más de 40 vacas que aparecían como fantasmas veladas por la niebla. Pedro se paraba de vez en cuando y escuchaba los sonidos que le llegaban por los canales de las laderas. Pedro me comentó con humildad y como algo enfadado consigo mismo: *me faltan dos vacas.*'

Quería decir con esto que no había oído sus campanos. Parece increíble esto que os cuento, fue una experiencia que me dejó pensativo ¿Cómo es posible que un hombre tenga metidos en su cabeza todos los tonos y timbres musicales de tantos campanos oídos algunos al mismo tiempo? ¡Milagros del oficio, de la inteligencia, de la memoria y de la voluntad! ¡Qué buen músico hubiera sido Pedro de haber podido acudir a un buen conservatorio!»

Como un patrimonio familiar preservado en el tiempo, Pedro Buenaga Corrales, deja plasmar, en las páginas siguientes, algunas de las anécdotas recordadas de cuando aquel Pastor Mayor, en la Braña del Moral, curtido de vientos y soles, vigilaba las manadas de reses en tanto procuraba envolver la humilde Ermita de su Virgen querida con una atmósfera de cordialidad y cariño, bajo la atenta mirada de su Mayordomo.

### La vaca perdida.

«Estando *tíu* Pedro haciendo el recuento de los animales que tenía a su cargo en la Braña echó en falta una gajuca *mercadal,* al no escuchar su campano y dado el conocimiento de su oficio, mandó a dos hijos en su busca hasta la cabaña de Portillo donde guardaba su hermano, y también pastor, Casimiro Buenaga Moral. Llegados a la cabaña de su tío y preguntando a este por dicho animal, les contesta que no ha visto vaca alguna, (pero él conociendo que la vaca procedía de Moral por el campano, la amarró en un Acebal esperando la llegada de los sobrinos). Así que tomando estos la dirección de la Estranguadía, les volvió a llamar y les indicó que se dieran la vuelta y fueran a dicho Acebal donde estaba la vaca amarrada y con el campano tapado; por eso no podían escuchar dónde estaba la res. Estos recogieron la vaca y dándole las gracias a su tío retornaron hacia la Braña del Moral».

### Camino de la fuente.

«Dada la altitud de la Braña del Moral son frecuentes las nieblas, por lo que desde la cabaña a la fuente había colocado *tíu* Pedro, a modo de camino, unas losas para la orientación de sus hijos».

### Calentadores de pies.
«La estancia en la Braña era mayormente en verano, pero había días invernales de mucho frío y los hijos, descalzos, para calentarse los pies, levantaban el ganado que estaba echado, ya que estos después de estirarse hacían las deposiciones y ellos aprovechaban para meter los pies en las moñigas, y de esta manera calentarlos».

### Arroz con leche.
«En una ocasión encontrándose *tíu* Pedro en Bárcena Mayor y quedándose solos en la cabaña tres hijos, no se les ocurrió otra cosa que ponerse a hacer arroz con leche, para lo cual ordeñaron una vaca que ellos tenían para el consumo cotidiano. Pusieron la leche a hervir, echaron a continuación el arroz por lo que cuando empezó a inflar el arroz, llenaron todos los recipientes habidos en la cabaña, dándose los perros un festín».

### Carne para todos.
«En el año 1943 estando en la braña los albarqueros cortando y desbastando los tajos para las albarcas, Pedro el hijo de *tíu* Pedro abatió con un rifle *máuser* un buitre, que una vez pelado y destazado se tiró tres días cociendo, y no hubo forma de meterle el diente a la carne por su dureza, otro festín para los perros».

### ¿Qué hora es? Vivencia de Pedro Buenaga Corrales.
«El 25 de julio de 1961 falleció mi abuela Alejandra Pernia y quedose viudo mi abuelo *tíu* Pedro. Por aquel entonces cursaba yo mis estudios en el colegio La Salle, de los Corrales, cuando subía a las 6 de la tarde en el tren *rata*, me apeaba en Las Fraguas para ir a Pedredo a visitar a mi abuelo que se encontraba en la taberna de Portilla. Regresaba a la hora del tranvía 7,30 de la tarde, más o menos, con destino a Molledo donde vivía; como yo no tenía reloj le preguntaba a mi abuelo, *tíu* Pedro, cuándo era la hora para ir al tren, ya que él tenía un reloj marca *Mulcó* que uno de sus hijos, Manuel, le había mandado desde Venezuela en el año 1957, prometiéndome en una ocasión y en presencia de Emeterio Díaz, ser yo el heredero de dicho reloj, el cual después de pasar por manos de mi padre le conservo en pleno funcionamiento así como el campano de Celemín de 1906, que también perteneció a *tíu* Pedro». Aquí muestro unas fotografías del reloj de mi abuelo y del campano de Celemín, que los dos tienen buenas historias, como para escribir un libro».

## Visita a don Fernando Bustamante Quijano.

Dada la relación de amistad y convivencia en la época de caza entre *tíu* Pedro y la familia de don Fernando Bustamante Quijano, y con motivo de un viaje de *tíu* Pedro a casa de una hija, en Los Corrales este le hizo la primera visita a su fábrica de Forjas de Buelna, yendo a la oficina central de dicha factoría. Una vez en la entrada el conserje le prohibió el paso por ir en albarcas, preguntándole el motivo de su presencia. *Tíu* Pedro le contestó: *dígale a don Fernando que está aquí tíu Pedro el pastor del Moral*. El conserje avisó de lo ocurrido recibiendo la orden de dejar pasar a *tíu* Pedro; desde entonces siempre tuvo las puertas abiertas.

**Reloj de Pedro Buenaga Corrales, regalo de su abuelo, el *tíu* Pedro (*foto P. Buenaga*).**

Pareja de campanos de «celemín» con capacidad para 4,57 litros. Fueron propiedad del *tíu* Pedro y pasaron a sus hijos José y Pedro; posteriormente a los nietos del *tíu* Pedro, José y Pedro. Este último ofreció a su primo José, 500.000 pesetas para comprarle el suyo y tener la pareja, pero la respuesta fue: «*Que por ese precio le llevase el suyo*». Sin llegarse a ultimar el acuerdo (*fotos P. Buenaga*).

**Pedro Buenaga y tres de sus hijos en su cabaña de la Braña del Moral. A la izquierda de la foto aparece la *rabona*, un carro usado para el transporte de madera (*foto P. Buenaga*).**

**Pedro Buenaga Moral, y Pepito *el boticario de Corrales*, junto a la *rabona* (*foto P. Buenaga*).**

Cuadro de los cimientos donde se asentaba la cabaña del pastor *tíu* Pedro, en la Braña del Moral, (*fotos P. Buenaga*).

Pedro Buenaga Pernía y su nieto, Pedro Buenaga González en las piedras de la vivienda del pastor *tíu* Pedro en la Braña del Moral, (*foto P. Buenaga*).

Desde la izquierda de la foto, Pedro Buenaga Corrales, Pedro Buenaga Fernández y Pedro Buenaga González en las piedras de la vivienda del pastor *tíu* Pedro en la Braña del Moral, (*foto P. Buenaga*).

De izquierda a derecha de la foto, Pedro Buenaga González, Pedro Pérez Buenaga, Pedro Buenaga Co-rrales, Pedro Buenaga Fernández y Cele Pérez Buenaga, en la Braña del moral junto a las piedras donde se asentaba la cabaña del pastor *tíu* Pedro (*foto P. Buenaga*).

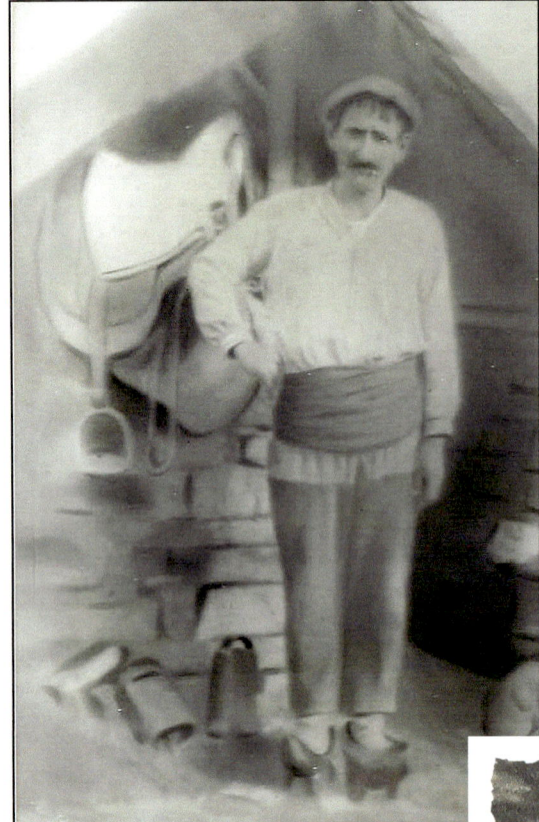

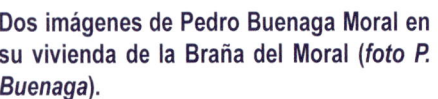

**Dos imágenes de Pedro Buenaga Moral en su vivienda de la Braña del Moral (*foto P. Buenaga*).**

Pedro Buenaga Moral el día de la fiesta. Al fondo se aprecia el edificio antiguo de la Ermita (*foto P. Buenaga*).

**Imágenes del recuerdo de Pedro Buenaga y su esposa Alejandra Pernía (*fotos P. Buenaga*).**

Familia Buenaga-Pernía con motivo de la boda entre José Buenaga y Purificación García.
De pie, izquierda a derecha: Salvador, Cándida, Francisco, María, Dominica, Carmen y Lola.
Sentados, en el mismo orden: Pedro, *tíu* Pedro, Purificación, (nuera), José, Alejandra y Ginia.
Ausentes: Antonio (†), Manuel y Felisa (Quica) (*foto P. Buenaga*).

Pedro Buenaga Moral con Urbano y Moíse (*foto P. Buenaga*).

Pedro Buenaga Moral y su hijo Manuel Buenaga Pernía (*foto P. Buenaga*).

Pedro Buenaga Moral y familiares, entre ellos de izquierda a derecha: (de pie) Manolín, Pedro Buenaga Pernía, Alejandra Pernía; (sentados) Florinda, Pedro Buenaga Moral, Francisco y Salvador (*foto P. Buenaga*).

Con unos amigos, de izquierda a derecha: Tivo, Portilla, Emeterio, Pepe López y Pedro Buenaga Moral (*foto P. Buenaga*).

## A LA VIRGEN DEL MORAL

En nuestra verde Montaña
por milagro celestial
hay una Reina en la braña
que es la Virgen del Moral

Braña hermosa, limpio cielo,
azul sin comparación,
agua fresca como el hielo,
regalo de la creación

¡Virgenuca del Moral!
Invocan con devoción
desde tiempo inmemorial
los cántabros del Rincón.

En apuros y aflicciones
elevan esperanzados
al Moral sus oraciones
pidiendo ser ayudados.

Se criaron a su vera
sarrujanes y albarqueros,
buena gente ganadera
y afamados campaneros.

Que en duro hierro plasmaron
el eco de los barrancos.
Ruda música colgaron
de bravos cuellos tudancos.

Y la gente cazadora
cuando el tiempo se enfurece,
en la Ermita protectora
aterrada se guarece.

Cuando el rayo rasga el cielo
y se encoge el corazón,
busca en el Moral consuelo
musitando una oración.

En la pila bautismal
no encuentran nombre mejor
que María del Moral
para el fruto de su amor.

Dando por cosa sabida
que una madre nunca falla,
se despiden de esta vida
con un beso a su medalla

La veneran con ternura
y la rezan noche y día.
¡Dios te salve Virgen Pura!
¡Tú eres mi estrella y mi guía!

¿Qué más quieren que les cuente
de la Virgen del Moral?
¿Porqué la quiere la gente
con cariño sin igual?

Es fácil de contestar :
Si es nuestra madre María,
¿De quién te vas a fiar
si en tu madre no confías?

Con ésto ya me despido :
¡Virgenuca del Moral!
Perdona si te he ofendido.
Dame la paz celestial
cuando ya viejo y vencido
deje el mundo terrenal.

**Emilio Prieto. Junio de 2006**

# 3.

# Procesiones

La historia de la fotografía española se ha ido abriendo paso lentamente en nuestro país, pero con paso cada vez más firme, aportando imágenes con una coyuntura que nunca ha dejado de despertar el interés de cualquier profesional o aficionado. Esos fotógrafos tuvieron un importante papel al jugar con el paisaje, cuando los caminos eran de tierra y las camberas apenas sí servían para el tránsito del ganado.

Esa tibia luz que conservan las fotografías antiguas, no es tan poderosa como las obtenidas actualmente con medios fotográficos muy distintos de aquellas que traen personas y paisajes; son imágenes que no despedazan el tiempo si no que lo mantienen vivo. Como en un verso de Roberto Iniesta: *Intentando levantar el espíritu nostálgico de querer estar contigo y nunca estarlo.* Ahora las personas y los paisajes se llenan de colores; pero no presentan aquellas sombras de las fotografías sepias o las de blanco y negro, amarillentas, grisáceas, donde el paisaje y los árboles proyectaban reflejos, incluso el agua parecía querer retener la luz en un espejo que solo supera la luz real. Fueron imágenes captadas con unas reglas fijas, dictadas por la tecnología del momento, que ahora se presentan algunas cuarteadas por el tiempo o con manchas, como una condición inevitable de su edad. Sin embargo, se acude a ellas en busca de los familiares o de grupos de amigos que son clave para poder contextualizar sus rostros de nuevo.

En la colección de fotografías que irán apareciendo en las páginas siguientes han sido aportadas, en su mayoría, por Pedro Buenaga Corrales y su hijo Pedro Buenaga González, junto alguna muestra de José Manuel Cuesta y Rosi Vélez. Contemplarlas es una oportunidad para revivir los recuerdos nostálgicos que devuelven esas imágenes.

Numeroso público acude a honrar a la Virgen de El Mc

# La braña de El Moral revive un añ más la tradición

**FERNÁNDEZ-CUETO. El Moral**

La festividad de la Virgen de El Moral se celebró el pasado sábado en la braña que da nombre a la Virgen y que está situada a caballo entre los ayuntamientos de Arenas de Iguña y de Los Tojos. El buen tiempo que se pudo disfrutar durante toda la jornada hizo que la gente acudiera en gran número a una romería que, a lo largo del año, es esperada con ansia por los habitantes de la zona.

La fiesta de la Virgen de El Moral data de tiempos lejanos, cuando, según la tradición, lo habitantes de Arenas de Iguña bajaban piedras de la zona hasta el pueblo y la Virgen, durante la noche, las volvía a subir hasta la braña. Ante esta situación los lugareños decidieron levantar una ermita en su honor.

Desde sus inicios la fiesta de El Moral, como se la conoce en la zona, ha sido una de las citas más importantes para los igüeñeses y los habitantes de Los Tojos, Cieza y Cabuérniga. El tipismo, el fervor religioso y, por supuesto, las ganas de divertirse, han sido las constantes de las celebraciones a lo largo de la historia de esta fiesta.

Los lugareños inician la su-

bida hasta la braña vispera día grande, para poder acan en su amplia campa y así, e hogueras y canciones, pas noche en espera del día en se celebran los festejos más portantes, entre los que des una procesión en la que los zos quintos de Valdeiguña van a hombros a la Virgen el perímetro de la braña.

La braña de El Moral ha desde siempre un punto im tante para los habitantes c zona. Los ricos pastos qu berga la zona, así como la toria que de ella se despre han hecho de El Moral ep tro de muchas de las activid ganaderas y culturales de dos ayuntamientos que la c parten. Cabe recordar que, por el año 1948 una reu de cazadores en esta campa origen a los que actualm es la Reserva Nacional del y que por ella pasaba, s Pedro Buenaga, una ruta d ceso a castilla y existían ve destinadas a albergar a carreteros. Del mismo mod destacable la única edifica existente en la campa, la er en honor de la Virgen d Moral que, a pesar de que en terreno de Los Tojos, es

El periódico *Alerta* del 20 de agosto de 1994, publicó un reportaje sobre la festividad de la Virgen del Moral, donde los descendientes directos de Pedro Buenaga Moral, han tenido un puesto destacado en las procesiones con la imagen bordeando la campa de la Braña del Moral. En la imagen desde la izquierda, Pedro Buenaga Corrales, Pedro Buenaga González y Pedro Buenaga Pernía.

FERNÁNDEZ-CUETO

...o Buenaga, acompañado de su hijo y de su nieto, ataviados con trajes típicos.

...ad del concejo de Valdei-
...a.

## Una tradición viva

...edro Buenaga, campanero
...Santián, es una de las per-
...s que con más cariño y
...más asiduidad ha celebrado

la festividad de El Moral. Vivió
en estos parajes durante una
buena parte de su vida, al ser
su padre pastor en la zona com-
prendida entre Turdías y Obios,
lo que le hizo tomar un gran
cariño a la braña, en la que
estaba la "choza" en que vivían
mientras, en verano, cuidaban
el ganado de El Rincón, Arenas,
Cieza y Cabuérniga.

Pedro recuerda como, antaño, antes de la procesión, se
hacía una "pasada" con el ganado por la campa para, después, celebrar la romería y, con
bailes y canciones, pasar el día.

En la actualidad sigue acu-
diendo a la cita acompañado
de su hijo y de sus nietos, que,
como el padre, han mantenido
viva esta "pequeña" tradición.

**Algunos vecinos se trasladaban a la Ermita preparando el entorno días antes del comienzo de la procesión anual del mes de agosto (*fotos P. Buenaga*).**

Reparando el tejado de la Ermita días antes de la festividad (*foto P. Buenaga*).

**Aglomeración de fieles en La braña del Moral durante la misa del mes de agosto** (*foto P. Buenaga*).

Inicio de la procesión anual del mes de agosto en la campa de la braña del Moral (*fotos P. Buenaga*).

**Procesión con la Virgen portada en andas.**

**Manuel y Pedro Buenaga Corrales y Pedro Buenaga Pernía (*fotos P. Buenaga*).**

**Procesión (*foto cedida por Rosi Vélez*).**

**Procesión (*foto cedida por Rosi Vélez*).**

**Procesión con Cecilio (pitero), Salvador Buenaga Pernía, David Tezanos (tambor), Pedro Buena-ga Moral, Pedro Buenaga Pernía y Pedro Buenaga Corrales (*foto P. Buenaga*).**

**Procesión (*foto cedida por Rosi Vélez*).**

Procesión, familia Pernía Garcia (La Gofia), Salvador y Pedro (*foto P. Buenaga*).

Procesión Pedro Buenaga Corrales, Salvador Buenaga Pernía, Toñín Buenaga Fernández, Pedro Buenaga Pernía, Julián Fernández y Roberto Fernández (*foto P. Buenaga*).

**Procesión con Pedro Buenaga Corrales, Gorio, Salvador Buenaga Pernía, Toñín Buenaga Fernández, Francisco Buenaga Pernía, Pedro Buenaga Pernía, Julián y Roberto Fernández (*foto P. Buenaga*).**

**Procesión, Francisco García y Manuel Fernádez, Pedro Buenaga Corrales, Aquilino, Fermín, Ramón Fernández, Salvador, Toñín, David Tezanos, Santiago Saiz, Pedro Buenaga Pernía, Julián, Manolín y Álvaro Castañeda** (*foto P. Buenaga*).

**Procesión, Capitán, Luis Fernández, David, Antonio Buenaga Pernía, Aquilino, David Tezanos, Salvador Buenaga Pernia, Pedro Buenaga Moral, Pedro Buenaga Pernía y Pedro Buenaga Corrales** (*foto P. Buenaga*).

Procesión, Manuel Rodríguez, Pedro Buenaga Corrales, Salvador, Aquilino, Pedro Buenaga Pernía, Castillo, Francisco Buenaga Pernía y Modesto Fernández y su hijo (*foto P. Buenaga*).

Procesión, José Ruiz, Pedro Buenaga Corrales, Salvador Buenaga Pernía, Pedro y Francisco Buenaga Pernía (*foto P. Buenaga*).

ocesión, Francisco Buenaga Pernía, señor de Quintana, Salvador, Pedro Buenaga Corrales, Pedro Buenaga ernía (*foto P. Buenaga*).

**Procesión, Francisco Buenaga, Castillo, Pedro Buenaga Corrales, Salvador y Pedro Buenaga Pernía, Manuel Rodríguez y Eduardo (*foto P. Buenaga*).**

Procesión (*foto P. Buenaga*).

Procesión, Pedro Buenaga Pernía y Pedro Buenaga Corrales, portando la Imagen (*foto P. Buenaga*).

Procesión (*foto P. Buenaga*).

Procesión (*foto P. Buenaga*).

**Procesión (*foto P. Buenaga*).**

**Procesión (*foto P. Buenaga*).**

Procesión (*foto P. Buenaga*).

Procesión (*foto P. Buenaga*).

Procesión (*foto P. Buenaga*).

Paula y Pedro Buenaga González, Pedro Buenaga Corrales, Manuel Buenaga, Salvador Buenaga y Pedro Buenaga Pernía (*Foto P. Buenaga*)

**Procesión (*foto P. Buenaga*).**

**Procesión (*foto P. Buenaga*).**

Procesión (*foto P. Buenaga*).

Procesión (*foto P. Buenaga*).

Paula y Pedro Buenaga, Francisco Buenaga, Pedro Buenaga Corrales, Castillo, Manuel Buenaga, Antonio Buenaga (*Foto P. Buenaga*)

Procesión (*foto P. Buenaga*).

Procesión (*foto P. Buenaga*).

Procesión (*foto P. Buenaga*).

Pedro Buenaga Pernía, Manuel Buenaga González, Salvador Buenaga Pernía, Manuel Buenaga Fernández, Jorge Buenaga García, Luis Fernández, Ignacio Núñez (El Cucu), Pedro Buenaga González,, Pedro Buenaga Corrales y Francisco Buenaga Pernía (*foto P. Buenaga*)

Procesión (*foto P. Buenaga*).

Procesión (*foto P. Buenaga*).

**Procesión (*foto P. Buenaga*).**

**Pedro Buenaga González, Pedro Buenaga Corrales, Manuel Buenaga Fernández, Lorenzo Fernández y Eduardo Buenaga García (*foto P. Buenaga*).**

Procesión (*foto P. Buenaga*).

Pedro Buenaga González, Pedro Buenaga Corrales, Lorenzo Fernández, Manuel Buenaga y Eduardo Buenaga (*foto P. Buenaga*).

Tomás, Castillo. Pedro Buenaga González, Pedro Buenaga Corrales, Lorenzo, Raúl, Manolín, Eduardo, Manuel, Pedro, Francisco, Jorge (*foto P. Buenaga*).

Patricia A. Buenaga, Pedro Buenaga González, Pedro Buenaga Fernández, Alberto A. Buenaga, Pedro Buenaga Corrales y Manuel Buenaga Fernández, Manuel Buenaga Corrales (*foto P. Buenaga*).

Patricia A. Buenaga, Pedro Buenaga González, Pedro Buenaga Fernández, Alberto A. Buenaga, Pedro Buenaga Corrales y Manuel Buenaga Fernández (*foto P. Buenaga*).

Procesión (*foto P. Buenaga*).

Procesión (*foto P. Buenaga*).

**Procesión (***foto P. Buenaga***).**

**Procesión (***foto P. Buenaga***).**

**Procesión (*foto P. Buenaga*).**

**Procesión (*foto P. Buenaga*).**

Procesión (*foto P. Buenaga*).

Procesión (*foto P. Buenaga*).

**Procesión (*foto P. Buenaga*).**

**Procesión (*foto P. Buenaga*).**

Procesión (*foto P. Buenaga*).

Procesión (*foto P. Buenaga*).

**Procesión** (*foto P. Buenaga*).

**Procesión** (*foto P. Bue-*

**Procesión** (*foto P. Buenaga*).

Procesión (*foto P. Buenaga*).

**Alberto A. Buenaga, Patricia A. Buenaga, Pedro Buenaga Fernández, Pedro Buenaga González y Pedro Buenaga Corrales (*foto P. Buenaga*).**

**Procesión (*foto P. Buenaga*).**

# 4.

# Romerías

Tras la misa y el desfile por la campa portando el estandarte de la Virgen del Moral, los miles de vecinos procedentes de Arenas de Iguña, Los Tojos, Cieza, Molledo, Bárcena de Pie de Concha, Los Corrales de Buelna y un buen número de otros municipios de las comarcas limítrofes, comienzan los actos profanos con actuaciones folclóricas a cargo de agrupaciones de Piteros de Valdeiguña y de pandereteras de diversos grupos musicales del Valle. Es una manifestación que ofrecen un interés real, tanto desde el punto de vista de la conservación de los valores culturales y del mantenimiento de las costumbres tradicionales, como desde el turístico. Una fiesta con especial continuidad en el tiempo, por su originalidad y por la diversidad de actos que se celebran en la campa que adorna la Ermita del Moral.

Desde la perspectiva de esa procedencia ancestral, casi medieval, fue lo que motivó a la Consejería de Innovación, Industria, Turismo y Comercio, la denominación de «Fiesta de Interés Turístico Regional» que se otorga a estas fiestas en honor de la Ermita del Moral y su Virgen. Tal vez uno de los acontecimientos más populares de la Comunidad Autónoma de Cantabria por sus características y combinación de festejos que han ido aumentando a través de siglos de historia. Variaciones en el día de la celebración no han aminorado, sino al contrario han aumentado cada año la presencia de mayor cantidad de romeros.

Al igual que las imágenes publicadas en el anterior capítulo de las procesiones, las fotografías expuestas proceden, en su mayoría, del archivo familiar de Pedro Buenaga Corrales y su hijo Pedro Buenaga González, y aportaciones de José Manuel Cuesta y Rosi Vélez.

**Grupo de romeros, de Las Fraguas (*foto P. Buenaga*).**

**Miembros de la familia Buenaga Pernia y Pernia Garcia y amigos (*foto P. Buenaga*).**

Miembros de la familia Buenaga y amigos, subiendo al Moral: Pedro Buenaga Corrales, Manuela Corrales Fernánez, Paco Fernández, Ginia Buenaga Pernia, Emilia, Pepe «Jabato», Fina, Clemente, Pedro Buenaga Pernía, Jabato padre, Lola, José Ruiz (*foto P. Buenaga*).

Grupo de romeros subiendo al Moral: Lola, Juanjo, Cándida, Kika, Paco, Fina, Pedro (en el estribo), Pedro Buenaga Moral (cabina) y José Ruiz (*foto P. Buenaga*).

**Miembros de la familia Buenaga y amigos, en el Moral: El Flecha, Carmen, Pedro Buenaga Moral, Alejandra Pernía, Manuel, Manuela CF, Pedro Buenaga Corrales, Pedro Buenaga Pernía, Pedrín,Cele, Clemente, Emilia, Fina, Paco y Dominica (*foto P. Buenaga*).**

**Manuela Corrales Fernández, Pedro Buenaga Corrales, Manuel Buenaga Corrales, Pedro Buenaga Pernía.(*foto P. Buenaga*).**

**Quintana López y Saiz (de Molledo), Manuel Fernández y su padre Lorenzo y Francisco Buenaga (*foto P. Buenaga*).**

**Grupo de romeros, vecinos de Pedredo.**

Manuel Solar, Finín Cuevas, Manuel Buenaga, Rafa Díaz, Toño Fernández, Mari Cuevas, Sindi García y el Nene (*foto P. Buenaga*).

Grupo de vecinos del Rincón (*foto P. Buenaga*).

Familia Buenaga en 1956 (*foto P. Buenaga*).

Romeros de Cieza y familia Pernía García (*foto P. Buenaga*).

**Romeros en el Moral (*foto cedida por Rosi Vélez*).**

usa, Nieves, Pita y Carmela (*foto cedida por José*
*anuel Cuesta*).

Salvador y Antonio Buenaga (*foto P. Buenaga*).

Vicente, Pedro Buenaga Corrales, Yeyo, «Niño del Payto», Rafa, Manuel Buenaga Fernández, Pedro Buenaga Pernía, Araceli Buenaga Fernández, Manuel Buenaga Corrales (*foto P. Buenaga*).

**Romeros de Los Tojos: Laureano Cuesta (*tíu* Llano) Constantino y su mujer (*fotos de José Manuel Cuesta*).**

Familia Buenaga Pernía (*foto P. Buenaga*).

Pedro Buenaga Corrales con su hijo Pedro Buenaga González (*foto P. Buenaga*).

Pedro Buenaga Corrales, Salvador Buenaga Pernia, Pedro Buenaga Pernía y Manuel Buenaga Corrales (*foto P. Buenaga*).

**Pedro Buenaga Pernía y Pedro Buenaga Corrales (*foto P. Buenaga*).**

**Pedro Buenaga Corrales, Moíse, Pedro Buenaga González y Aja (*foto P. Buenaga*).**

**Comida de romeros en la Braña del Moral en 1983 (*foto P. Buenaga*).**

**Homenaje de la Junta Vecinal de Valdeiguña en 2023 a Pedro Buenaga Corrales  (*foto P. Buenaga*).**

Pedro Buenaga Pernia, Pedro Buenaga, Francisco Buenaga, Manuel Buenaga, Pedro Buenaga González y Pedro Buenaga Corrales (*foto P. Buenaga*).

Pedro Buenaga Corrales, Pedro Buenaga Pernía, Manuel Buenaga Fernández, Eduardo Buenaga Garcia, Manuel Buenaga Corrales y Pedro Buenaga González, (*foto P. Buenaga*).

**Miembros de la familia Buenaga (*foto P. Buenaga*).**

**Pedro Buenaga Corrales, Pedro Buenaga González y Pedro Buenaga Pernía (*foto P. Buenaga*).**

Pedro Buenaga
El Campanero
Corrales

**Tres generaciones de Pedro Buenaga: Pedro Buenaga Corrales, Pedro Buenaga Fernández y Pedro Buenaga González, al pie de la Virgen del Moral (*foto P. Buenaga*).**

**Pedro Buenaga Corrales y Pedro Buenaga Pernía (*foto P. Buenaga*).**

**Pedro Buenaga González, Ginia Rodríguez y Pedro Buenaga Corrales (*foto P. Buenaga*).**

**Nati y Carmina (*foto P. Buenaga*).**

**Pauli González Rodríguez y Pedro Buenaga Corrales (*foto P. Buenaga*).**

Luis Emilio Prieto amenizando la sobremesa (*foto P. Buenaga*).

Juanjo Ruiz, Pedro Buenaga, Francisco Buenaga, Pedro González, Pedro Buenaga, Paco Buenaga, Francisco Buenaga, Pedro Buenaga y Manuel Buenaga (*foto P. Buenaga*).

**Grupos de romeros tras finalizar la procesión, en la campa del Moral (*foto P. Buenaga*).**

**Un jovencito Pedro Buenaga González en la Braña del Moral (*foto P. Buenaga*).**

**Pedro Buenaga González, Pedro Buenaga Fernández e Irene Fernández García (*foto P. Buenaga*).**

**Familia Buenaga González (*foto P. Buenaga*).**

Cinco generaciones seguidas de Pedro Buenaga (*foto P. Buenaga*).